まっ直《す》ぐに本を売る

ラディカルな出版「直取引」の方法

石橋毅史

苦楽堂

まっ直《す》ぐに本を売る

——ラディカルな出版「直取引」の方法

石橋毅史

苦楽堂

はじめに

いつか小さな出版社を立ち上げようと考えている人。

すでに小さな出版社を興す準備をしている人。

これらを、漠然と思い描いている人。

本書は、そうした人たちに向けて書いたものである。

出版業を営むために必要な知識は編集から財務まで多岐にわたるが、本書はそのなかの流通と販売、さらに「書店との直取引《ちょくとりひき》の方法」に焦点を絞っている。したがって、新刊書籍を扱う書店を開きたい人、すでに出版業や書店業に携わっていて、流通・販売の現状に課題があると考える人にも参考にしてほしい。

僕は二十代のころ、出版社に勤務したことがある。また、出版業界専門紙の記者として、出版社の経営について取材したことがある。だが、自ら出版社を営んだ経験はない。実体験に勝る知識はないことを承知したうえで、専門技術をもった当事者ゆえに説明しきれないところを観察者として伝えられるかもしれない、と期待している。

近年、「出版不況」という言葉が盛んに流布されている。たしかに、地域の人たちに親しまれた書店の廃業、取次《とりつぎ》と呼ばれる出版物の流通を請け負う企業の倒産などが、たびたびニュースになっている。

それでも、本をつくる人、本を売る人が、世の中からいなくなる気配はない。僕は出版業や書店業にたずさわる人たちに接する機会が多く、いつも彼らの熱意に心を打たれる。彼らは、「あまり儲からない」とか「もう出版市場の回復は望めない」といった程度の理由では、本に関わることをあきらめない。いまさらほかの仕事をするわけにもいかないという人もいるだろうが、世の中の動向がどうであろうとこの仕事をしていたい、と考える人は多いのである。

いっぽうで、そうして始めた出版社や書店をたたんでしまう人も、数多く見てきた。商いである以上、熱意や志だけでは継続できないのが現実である。

その情熱を下支えする「方法」を伝える。これが、本書の目標だ。

あくまでも「ひとつの方法」であり、これさえ知っていれば出版経営は安泰、などという法則ではない。出版を続ける絶対的な方法は、どれだけ浪費してもなくならないほど豊富な資金力をもつことだ。だが、多くの人は残念ながらそれをもっていない。また、どんなに優れた流通・販売の方法があっても、肝心の本が売れなくては、やはり続けられない。豊富な資金力をもつ方法も、必ず売れる本をつくる方法も、僕にはわからない。

だが、継続のための絶対法則ではないけれども、知っておいたほうがいい方法、しかも誰にでもできる方法はあるのではないか？

そのひとつとして、書店との直取引を提案する。

自分の好みの本を数百部つくり、ごく限られた数の書店に販売をお願いするような個人出版は以前からあるし、「出版」という行為の原点ともいえる。しかし、つくった本を広く世に問う、つまり全国各地の書店の店頭で販売し、出版を事業として成立させるためには、取次と呼ばれる出版流通業者と契約し、取次に本を配ってもらい、売上金を回収してもらうのが一般的である――いままではそう考えられてきた。

だが、取次に頼らなくても、全国の多くの書店に自社の本を直接送り、事業として成立させている小さな出版社は、いくつか存在する。

そうした出版社は、どのように流通・販売をおこなっているのか？　なぜ、そのような方法をとったのか？　その方法で事業を続けてこられた理由はなにか？

本書ではそうした直取引系出版社のうち、二〇〇一年に創業したトランスビューを取材対象とした。創業から一五年にわたって二～三人の最少人員体制で続けてきたこと、その理念と方法が、これから小さな出版社を始める人にとってもっとも参考になると判断したことが、同社を選んだ理由である。詳しくは、本論を通じて伝えたい。

本書は、最小規模の出版社を始める人が「書店との直取引の方法」を獲得するための、いわば教科書となることを目指している。

ただし、手とり足とり教えるほど懇切丁寧な本にはなれない。出版の経験がまったくない人には理解しづらい場面があることを、予め断っておく。すべてを微細に説明するよりは、自ら出版の世界に踏み込み、経験することで理解されることもあってよいだろう。

また、ときには筆者の表現欲求が邪魔をして、およそ教科書らしくない主観、偏った私見を述べる場面も多い。そのあたりも併せて楽しんでもらうことが第一の望みであるが、もし楽しくない場合も、実になる情報があることを期待して読みつづけていただきたい、というのが第二の望みである。

第五章

取引代行

第六章

注文出荷制

第七章

書店にとっての「直」

第一章

本は、なぜ売れないのか

僕は出版社の営業マンだった

阪神・淡路大震災とオウム真理教事件が起きた一九九五年。大学を出たものの就職もせず、小遣い稼ぎ程度のアルバイトをしていた一人の若者が、ある小さな出版社に入った。

僕のことである。

「Y」という、創業一〇年ほどの出版社であった。事務所はマンションの一室を借り、社長が唯一の編集者として単行本をつくっており、社長の本づくりの補佐や事務作業をする社員が一人いて、あとは営業が常時、二人から三人いた。

漠然と、文章を書いて暮らしたいと思っていた。就職活動はせず、震災直後の関西へ出かけ、そこで震災とは直接関係のないことを取材し、まとめた文章をいくつかの出版社へ持ちこみ、どこにも採用されなかった。ある週刊誌の副編集長が、会いましょう、と電話をくれた。その人は、一度どこかに就職して社会経験を積むといい、そのほうが書くものも面白くなる、とアドバイスしてくれた。

そうかもしれない、とりあえずどこかに――思いつくのは出版社くらいしかなく、やがてたどり着いたのがY社だった。朝日新聞に小さな求人広告が出ていて、知らない社名だったが「ノンフィクション刊行」「編集および営業」とあり、ノンフィクションは好きだ、というだけの動機で履歴書を送った。

面接に呼ばれ、簡単な筆記試験を受け、一週間後に連絡がなければ縁がなかったと思ってください、と言われた。一週間を過ぎ、確認だけでもしようと電話をかけると、社長は、ああ、あなたか、うーん、じゃあ、あなたにします、明日から来られますか？　と言った。はじめに採用を決定した人に入社を断られて困っていたところだった、というのは後で知った。若い営業担当が急に辞めることになって、補充を急いでいたのである。

ウチは必ず営業からやってもらう、営業力のある人しか優秀な編集者にはなれません、と社長は言い、そんなものか、と受け入れることにした。

出版社の営業がどんな仕事をするのか、このときの僕はまったく知らなかった。

大学ではキャンパス誌のサークルにいて、年に三回、雑誌をつくっていた。制作費は広告で賄う。大学周辺の居酒屋などから、合計で二〇万円くらい集めていた。雑誌が出来上がると、大学構内の食堂の前に机を置いて、一〇〇円で売った。多いときは一〇〇〇部を完売し、販売収入は打ち上げで使い果たした。しばらくたつと、また集まって次の号をつくる。工程のすべてを、主要なメンバー全員でやっていた。

出版社もこれと似たようなことをするのだろう、とぼんやり想像していたのだ。

「営業をやれ」と言われて、プロの出版の世界は、本を書く人、つくる人、売れるように営業する人、雑誌だったら広告をとる人、などにわかれているらしいということを、はじめて知ったのだ。なぜ事前に調べもしなかったのか、我ながら不思議である。

ともかく言われたとおり、営業をやってみることにした。

はじめの一週間は、全国各地の書店に電話をかけた。二週目からは、実際に書店を訪れるようになった。電話も訪店も、目的は同じである。書店の店長や仕入れ担当者に自社の本を紹介し、注文してもらう。つまり店に本を置いてもらい、売ってもらう。

社長は、訪店であれば一日に一〇〇冊、地方へ出張したときは一日に二〇〇冊、一カ月の合計で何冊何円、などと受注のノルマを課した（なお、同じ本の数は「部」、タイトルを問わず本を数えるときは「冊」、タイトルの数は「点」ということはあとで知るのだが、出版社も書店も実際には「部」と「冊」を厳密には使い分けていないことも知った。本書でもその実際のとおりに「部」「冊」両方を用いる）。

はじめのうちは、書店の人とまともに話すことさえ難しかった。ほとんどの店で冷たくあしらわれて、たまにしか注文をもらえない。惨敗して会社へ戻ると、社長に厳しく叱責された。あなたの給料は何円、その他あなたにかかる経費は何円、ということは最低でも月に何円は稼がないと給料泥棒なんだよ！　おい、なんだその目つきは！　ほんとにわかってんのか！　ときには三時間も説教しながら、社長は僕を指導した。

注文をもらうコツは、ちょっとずつわかってきた。まず心がまえとして、書店の人に対して必要以上に緊張しない。ともに本を売っていく仲間だ、という気持ちで接する。そのうえで、書店の人はたいてい忙しいから、挨拶をしたら用件を手早く説明する。時間をとらせない、と最初に伝えると、むしろ相手は手をとめ、こちらを向いてくれた。

たまには、わりと暇そうな店長や、人好き、話し好きの書店員もいる。その場合はのんびり話に付き合ったほうが注文してくれる。なかには出版社の営業がめったに来ない店もあって、そういう店は一日のスケジュールに必ず入れておく。また来てくださいね、という期待も込めて、たくさん注文してくれるからだ。

主要な地域を一巡りし、やがて二巡目、三巡目となるうちに、気の合う書店員、親切な店長、Y社のように実績のない小さな出版社こそ大事にしてくれる店、などがわかってくる。そういう店をスケジュールのなかにうまく織り交ぜながら、一日や一カ月の受注冊数を伸ばしていった。

注文をもらうコツがわかってくると、次の問題が浮上した。

返品である。

Y社は、朝日新聞の記者が調査報道の内幕を書いた本、軍事問題の本、心理学の本、地震予知の本、心霊現象のからくりを暴いた本など、様ざまな本を刊行していた。著者のなかにはテレビによく出演するような有名人もいたが、旬を過ぎているのか、本の出来が悪いのか、どれもあまり話題にはならず、売れているとはいえなかった。

なぜ書店が、とくに売れていない本、新人の僕が見ても売れそうにないと思う本でも注文してくれるのかというと、返品できるからである。どんな本も、絶対に売れない、とは言いきれない。とりあえず置いてみよう、売れなかったら返せばいいんだから、というのが多くの書店員の基本方針であるようだった。

発売直前の最新刊を三〇冊も注文してくれたが、一カ月後に再び行くと店に一冊も残っていない、という店もあった。店長は、どうしたんだっけなあ、忘れちゃった、とトボけて、また一〇冊くらい注文してくれる。もちろん、完売したのではない。とっくに返品しているのだ。こっちもそれを察しているのだが、その日、その月の営業成績のことが頭にあるから、そのまま受けてしまう。

やがて、毎月の返品がグングン増えてきた。ときには返品金額が受注金額を上回ってしまう月さえあった。

返させないことがもっとも大切なんだぞ、と社長は怒った。返したら怒鳴り込みますからね、そのくらい言ってやれ！と説教された。

だが、これがなかなか難しかった。返さずに売りきってくださいい、ときっぱり言うと、じゃあ注文しない、と言われる。できるだけ返さないでくださいい～、と柔らかく言うと、オーケーオーケー、と言ってやっぱり返品する。口だけでなく、ほんとうに返さない書店員や店長を見極める必要があった。気になる書店には本が届いた一週間後に電話をしてみるなど、なんとなく返しにくい関係をつくるようにした。

それでも、「絶対に一冊も返さない」書店など、皆無に近かった。返していいのだから、売れなければほかの売れそうな本に取り換えるのは当たり前だ。

やがて社長は、返品率が五割以下ならウチはやっていける、と現実的な目標ラインを僕に示した。いいか、五割以下、五割以下、と毎日、呪文を唱えるように僕に言った。

返品率を五割以下にするには、どうしたらいいのか。

最新刊を紹介すると、「とりあえず五冊」とこたえる書店が多かった。このうち返すのが一冊なら、返品率は二割だ。返品が二冊だと四割、三冊返されてしまうと六割、ということになる。その店の過去の注文数や売れ行きなどを頭に入れておいて、「とりあえず五冊」と言われたら、「四冊にしておきましょうか」「三冊から始めてもいいですか」などと、細かく区切ってみた。四冊注文で二冊返品なら返品率は五割、三冊注文で一冊の返品だと三三パーセント……頭の中がグチャグチャになるくらいパターンを組み合わせて、平均して五割以下になることを想定しながら書店回りをした。

ところが、最終的な成績はあまり変わらない。

はじめの注文数が五冊だろうと三冊だろうと、売れないものは売れないからだ。冷静に見ると、圧倒的に多いのは、一冊だけ売れるか、一冊も売れない、というパターンだった。

ここに至ってようやく、わかってきたのだ。

わるいのは、売れない本ばかりつくっている社長ではないか。

ごく稀にだが、注文した本をいっさい返さず、ずっと置き続けてくれる店もあった。ところが、そうして可愛がってくれているのに、半年たっても動かない。

Y社でも社長のつくる本でもなく、俺を応援してくれているのだ、という秘かな自負も芽生えていたから、社長に批判を込めて報告した。すると社長は、その店はウチと合ってないか、売る力が全然ないんだ、と吐き捨てるように言った。頭に血が昇り、すこし言い争いになった。だが、たしかにあの店長と俺は一緒になって無駄なことをしているのではないか、という気もした。

なにか根本的なところで間違っているのでは、という不安が次第に膨らんでいく。

新人でもわかる。社長には、売れる本をつくるセンスがない。本が商品である以上、これはY社の重大な欠点だ。だが、書店の売場を毎日ながめていると、内容の良し悪しは別として、あまり売れそうにない本がじつに多いように思えた。程度の差はあっても、「たいして売れない」という意味では自分のところと大差ないのではないか。

「新刊委託のパターン配本」にも疑問をもつようになった。出版流通の構造は業界外の人にはとてもわかりにくいものだが、まさに読者を理解から遠ざける始まりのような言葉なので、すこし説明したい。

最新刊ができると、出版社の営業は、書店と出版社の間に入って本の卸をしている取次《とりつぎ》の本社へ行き、仕入れ担当者に出来上がった新刊の見本を提出する。「見本出し」と呼ばれる行為だ。多くの場合、発売前に営業が書店を回って注文をもらう時点では、本はまだ出来上がっていない。案内チラシと営業担当の説明だけで、書店に発注をお願いする。実物が出来るのは、この「見本出し」をする直前である。

そして、書店から事前に注文してもらったぶんとは別に、取次にも「見本出し」をした後、その新刊を委託で預ける。

この「委託」という言葉がわかりにくい人も、意外に多いのではないかと思う。「委託」とは「(誰かに)物事を委ねること、判断などを託すこと」だが、出版に限らず小売店、卸業者、メーカー間の商取引においては「いったん預ける」、つまり「商品を仕入れた小売店は、売れ残ったぶんをメーカーに返品できる」という意味で使われる。ここでいう「新刊委託」も、まずは「書店は取次に、取次は出版社に、返品ができる」という取引であると理解してもらえばよい。

出版社から「新刊委託」の本を預かった取次は、「こういうタイプの本だったら、大きなA書店には一〇冊、小さなB書店には一冊……」と本を配分するための「パターン」をいくつももっており、そのパターンに従って本を書店に配る(「配本」と呼ぶ)。これが、「新刊委託」の「パターン配本」である(ちなみに、「新刊委託」には、この「パターン配本」だけではなく、出版社と書店が予め送る冊数を取り決め、取次に「このA書店にはx冊を送ってください」と指定する「指定配本」という方法もある)。

取次は、Y社が最新刊を出すたびに「パターン配本」をするかどうかを厳密に審査するわけではなく、基本的には必ずやってもらう慣習になっていた。また、「パターン配本」をするといっても、「その本を何冊引き受けるか」は本の出来によって異なるのが当たり前のように思えるが、実際のところは何冊とってくれるかも毎回、ほぼ同じだった。

ほとんどの出版社は、いくつかの取次と取引をしている。Y社の場合は、最大手から中堅まで、七社の取次と取引口座を開いていた。

たとえば最新刊を五〇〇〇部つくったら、最大手の二社であるトーハンと日本出版販売(日販)には、だいたい一〇〇〇部ずつ預ける。三位から五位規模の、大阪屋、栗田出版販売、太洋社という取次には二〇〇部ずつ、中央社という取次には五〇～一〇〇部。さらに東都春陽堂という、駅や空港の売店などに本を卸している取次にも数十部を預けていた。合計すると、五〇〇〇部のうち二七〇〇部ほどが「新刊委託」のぶんとなる。あくまでもY社の場合であり、配分の仕方は出版社によって異なる。

僕が書店に営業をして受注したぶんは、残りの二三〇〇部を発送するのだが、これは取次を経由するルートにおいて「注文」という流通条件で書店に送っている。ここまで「書店が注文してくれる」といった書き方を何度かしているので混同するかもしれないが、出版社が取次を介して書店に本を送る際に、大きくは「新刊委託」と「注文」という二種類の条件があると理解してほしい(ほかにもいくつかの条件があるが、省略する)。

なぜ、本の流通を「新刊委託」と「注文」の二種類に分けるのか？　どう違うのか？

「パターン配本」をはじめとする「新刊委託」には、「こんな本が発売されました。売れるかどうか、試しに置いてみませんか」という意味合いがあるので、そのぶん、書店の返品期限に猶予をもたせている（書籍は九〇日。雑誌は、週刊誌が四五日、月刊誌が六〇日）。書店は、取次に対する仕入れ代金の支払いを翌月にすませなくてはならないが、期限内に返品すれば仕入れ代金は返品した翌月に取次から戻ってくる。対して「注文」のほうは、原則として返品はできない。支払いは、「新刊委託」と同じ翌月である。

取次は、書籍であれば書店から発売の翌月に代金を受け取り、三カ月（九〇日）後に返品ぶんを引いた実売を確定させ、一般的には、さらにその三カ月後に出版社に支払いをする。書店からとった代金を、出版社に払うまで六カ月間プールするのである。

つまり、出版社にとって「新刊委託」で預けたぶんが取次から入金されるのは、一般に七カ月後ということになる（大手出版社など、出荷の翌月に取次から入金されるケースもある）。もちろん、期限内に返品されたぶんの金額は差し引かれる。

対して「注文」のほうは、納品した翌月に入金がある。

出版社には、たとえばある月は、七カ月前に出荷した「新刊委託」と一カ月前に出荷した「注文」などの合計から、それらの「返品」を差し引いた金額が、取引している各取次から入ってくる。さっき、「新刊委託」には「パターン配本」と「指定配本」があると書いたが、Y社では、「指定配本」にあまり積極的ではなかった。書店が積極的に「x冊仕入れるよ」と応じてくれているのだから、入金が七カ月後になってしまう「指定配本」よりも、なるべく翌月に入金のある「注文」にしておけ、というのが社長の判断で、「指定配本」は、とくに書店から要請された場合に限っていた。

さて、この「新刊委託のパターン配本」が、僕には無駄に思えた、という話である。

書店が自ら発注してくれる「注文」だけでいいのではないか？と思ったのだ。

無駄な仕入れ

書店には毎日、大量の本が送られてくる。そのなかに混じっている「パターン配本」を書店がどう扱うかは、本によって異なる。「これは売れるかもしれない」と思えば店に並べ、すぐに売れなくても返品期限がくるまで置きつづけ、売れたら追加の「注文」をする場合もある。「これは売れそうにない」と即座に返品することもある。

なぜ、書店が要望してもいない本を取次が送りつける「パターン配本」などというものがあるのかというと、人員も予算も少ない多くの書店が、文芸書、実用書、ビジネス書……といった各ジャンルの最新刊を限なくチェックし、発注するのは大変だったから、取次から「このような本が出ていますよ」と送ってあげることで、書店の品揃えを補佐したのである。

書店にとって、これはありがたいサービスだった。そしていまでは形骸化した無駄な仕入れにもなっている。

たとえば家族だけでやっている町なかの小さな書店などにとって、置いておくべき定番の本を取次が選び、自動的に送ってくれることは、大きな助けになった。

だが、いまではあらゆるジャンルにおいて多様な本が刊行されているのだから、棚が埋まるならどんな本だっていい、ということはない。それぞれの書店にとっての売れる本、売りたいと思う本だけを仕入れられるほうが、成果はあがる。

（※村上信明著『出版流通とシステム――「量」に挑む出版取次』によれば、「パターン配本」はもともと日販の配本方法の呼び名で、トーハンでは「ランク配本」と呼ばれていた。いずれも、取次の出版物の取扱量や取引書店数が拡大するなかで、個々の特性や販売実績をもとにした書店のランク付けを行い、コンピュータで各店への新刊の配本部数を決定するようになってからの配本方法であり、一九七〇年代に定着したものと思われる。もっとも、取次の裁量で書店に本を配本するという方法は古くから存在する。戦前から書店、出版取次業に従事し、第二次大戦中の一社独占取次であった日本出版配給（日配）を経て、一九四九年創業の日販に創立から参画した松本昇平の『業務日誌余白』には、日販の創業時、書店に適当な書目と部数を見つくろって配る「見計らい送品」をしていたことが書かれている。こうした「返品可」を前提とした委託配本は戦前からのものであったという。さらに、柴野京子著『書棚と平台――出版流通というメディア』には、史料に基づき《戦前にあっても、ほしい本が地元の書店にない、取次の配本が悪いという不満は現在と全く変わらない状況で存在した》という記述がある）

書店にとって「新刊委託」で自動的にたくさん入ってきたら嬉しい本とは、たとえば最新作が出るたびにベストセラーとなる、売れっ子作家の本などである。ところが、そういう本ほど全国各地の書店が欲しがっているのだ。「注文」が殺到して出版社の在庫も乏しく、なかなか入ってこない。結局、売れ筋の本は全然入ってこないが、売れそうにない本はやたらと送りこまれてくる、という印象になる。

ましてや、Y社は実績も乏しく、まだ書店にもあまり認められていないから、取次からポンと配本されてきたところで、数多ある「売れそうにない本」のひとつに見えてしまうだろう。僕たち営業が書店を回り、本の紹介をしたうえで「注文」をもらっているのだから、取次に「新刊委託のパターン配本」をしてもらう必要はないように思えた。

そもそも「注文」も返品されてしまうのだから、そのうえ返品の可能性が高い「パターン配本」までする必要はない、という考えもあった。

「注文」も返品できる……これも、すこし説明が必要である。

前述した「新刊委託」と「注文」の説明のなかで、「注文」は「原則として返品はできない」と書いたが、僕が書店回りを繰り返すうちに返品の多さに悩むようになったのは「注文」扱いのほうなのである。

本来、出版流通における「注文」は、買切り、つまり返品不可が原則だった。

【新刊委託】「見本」として書店へ送る＝期限内であれば返品できる
【注文】　書店の自発的な発注に応じて送る＝返品は不可

言葉にすればシンプルなこの違いが厳格に守られていれば、「新刊委託」と「注文」は、それぞれに意義をもちつづけたかもしれない。

だが、出版社のほうが、この原則を崩した。「注文」であっても出版社が了解したものであれば返品を受けつける、という例外措置を設け、書店に自社の本を置いてもらえる可能性を高めようとしたのである。書店も、それを望んだ。仕入れた本が売れ残ってしまった場合のリスクが減るからである。取次も、個々の出版社や書店のそうした要請に対応していった。この例外措置は、たびたび問題視され、業界内で議論されながらも、一九七〇年代には慣例として定着したようだ。

「新刊委託」だろうと「注文」だろうと、結局は返品できる――その結果、発売前の本について「それが何部売れるかを見極める」ことに責任を負う人が、出版流通のどのパートにもいなくなったのである。とにかく置いてみよう、売れる可能性を見てみようという鷹揚な発想が、いっぽうで無責任の構造を生み、返品を大量に発生させたのだ。

ただ、単純に返品＝悪、ともいえない。書店に並ぶ可能性を多くの本に与えるのはよいことだし、だからこそ、この慣習は現在に至るまで続いているのである。

こうした全体構造を理解したのは、Y社を辞めた後のことだ。だが、まだ知識と余裕のない新人営業マンでも、「注文」と「新刊委託」の混在は返品を増やすばかりではないか、ということはわかった。「新刊委託」さえやめれば返品問題が解決するというわけではないが、五〇〇〇部しかつくっていないのに、その半分を「新刊委託」に回してしまうのはもったいないように思えたのだ。

「見本出し」のために取次へ出かけるたびに、各出版社の営業担当たちが行列をつくっていた。取次の仕入れ窓口の人たちは一人につき数分程度で話を切り上げ、すごいスピードで捌《さば》いていた。

これでは、取次の人がY社の本の売り方をじっくり考える暇などないだろう。実際のところ、取次がたとえば「新入社員向けのビジネスマナーについての本ならA店に何冊、B店に何冊」といった配本のパターンをもっているといっても、さほど厳密なものではない。その本の特性と各書店との相性を見極め、あの書店にはあえて多く送ってみよう、あの店には送るべきではない、などと精細に検討してくれている様子はなかった。もちろん、これをもって「取次はひどい」というのはやや一方的で、取次の仕入れ担当者が「これは売れそうだ」と配本の仕方などを真剣に考えるような本をY社はつくっていなかったともいえるし、そう思わせるような本の紹介をする力が僕になかったのだ、ともいえる。

ともかく——もう「新刊委託」はやめて、「注文」だけにしませんか？

ある日、社長にそう提案した。

すると社長は、「君の言うことはわかるが、新刊委託も出さないと、取次が『ウチにも売らせろ』ってヘソ曲げるからなあ」と、よくわからないことを言った。

いや、取次はウチなんてまったく重視してませんよ、「見本出しには行きません」「新刊委託はやめて注文だけにします」と宣言したほうが、取次も手間が省けて喜ぶと思いますよ……とは言いだせず、話はすぐに終わってしまった。

もっとも、「取次がヘソを曲げる」というのも一面ではあたっていた。

社長が言うニュアンスとはまったく異なるが、出版社側が、A書店に何冊、B書店に何冊、と配本の構成を完全に仕切ってしまうと、取次は出版社が指定するまま、本を出版社から書店へ運ぶことになる。

もちろん、それできちんと売れてくれるなら問題はない。しかし、それが返品になると話は違ってくる。取次にとっては、そのぶんが収入にならないだけでなく、書店から集荷し、出版社へ戻すための作業が発生する。すべての出版社の好きなように配本させて返品が増えたら、困るのは作業量と費用が増大する取次なのだ。

書店側のフトコロ事情を知っているのは出版社ではなく取次である、という事実も重要である。

支払いが長いあいだ滞っている書店、資金繰りに困ると大量の返品をしてその月の支払いを減らそうとする書店を、取次は把握している。そういう書店に好き勝手な仕入れと返品をさせないよう、支払いの悪い書店には送る量を減らしたり、ときには送品を止めたりする。これを上手にコントロールしておかないと、書店がいきなり倒産でもしたら、取次は取れるはずだった金を取りっぱぐれて大きな損を被る。

出版業界は、取次が出版社と書店の間に立って、モノとカネの動きをあずかっている。そのおかげで、Y社のような小さな出版社も全国の書店に本を置いてもらえるし、書店も多種多様な本を揃えられる。いっぽうで、取引条件や本の配り方などに関しては、Y社のような力の弱い出版社には思いどおりにならないことも多い。

出版業界の構造がちょっとずつわかってきて、「新刊委託」はやめてもいいのでは、という改善案が浮かぶ。だが、若造が思いつきを話すくらいでは取り合ってもらえない。「それより今度の出張でガンガン注文をもらってこい」「でも返品は増やすな」と言われる。

返品を減らすことを念頭において営業すると、やっぱり受注冊数が減った。書店の人は、棚に一冊だけ差しておくなら、長い期間にわたって置いてくれる傾向があった。でも、それだとやっぱり売れない。とはいえ、店内の目立つ場所に置いてもらうには、それなりにまとまった部数を発注してもらう必要がある。そうなると返品も、早く、多くなる。

だんだん、成績が下がってきた。新しく入って来た女性社員が勢いのある人で、日によっては僕の二倍の冊数の注文をとってきた。君は新人に負けてるじゃないか、何をやってるんだと社長に小言を言われ、いや、そのうち彼女も返品が増えますよと言い返したら、負け惜しみか！　みっともないぞ！　と怒鳴られた。

理不尽な叱責にますます意気消沈したが、社長の指摘もあながち的外れではなかった。次第に意欲も失せ、朝、会社を出てからの一軒目、昼食を済ませた後の午後の一軒目の書店に入るのに時間がかかるようになった。サボることを覚えたのである。

このままじゃ続けていけないなあ、と鬱うつとした日々が続いたが、ある日、ひとつの光明が見えてきた。

わかりやすい俯瞰

Y社の営業システムには、ひとつだけ長所があった。訪問や電話による毎回の営業の結果を、書店別にきちんと記録していたのである。

当時はまだ、そうした記録はすべて手書きだ。地域別にまとめた分厚いバインダーファイルが何十冊もあって、営業担当は、営業をした日、受注した本のタイトルと冊数、その後の販売状況や書店の担当者に言われたことなどを店ごとに記入するのが、毎日の義務になっていた。入ってはやめていった歴代の営業担当による記録の蓄積が、一〇年分近くあった。すくなくとも、それぞれの書店が「いつ」「どの本」を「何部」注文し、売ってきたかなどが、それなりにわかるようになっていたのだ。

外回りから戻った後、これを丹念に見直すことをしばらくの日課にした。分厚いファイルを一頁ずつ繰りながら、各書店のこれまでの注文状況をチェックしていく。目的は、Y社なりの書店ランクをつくることだった。

東京の紀伊國屋書店新宿本店のような大手書店の本店クラスを「S」、そのほかの大型書店やY社の本を積極的に売ってくれている書店を「A」、訪問した場合に最新刊を五部、既刊を一部程度注文してくれる書店は「B」とし、それよりも注文数の少ない書店、注文と返品を繰り返しているだけに見える書店を「C」に区分けしていった。

丁寧に見ると、感覚的には「A」と思っていたが「B」と判断すべき書店、「B」と思っていたが「C」、という書店がぞろぞろ出てきた。ごくわずかだが、これは「B」ではなく「A」だ、「C」じゃなくて「B」だ、という書店もあった。

すべて見終わると、ランク分けをしたリストをつくり、社長に見せた。そして、入社以来はじめて、具体的な改革提案をした。

◉営業をかける書店を、「S」「A」「B」に限る。「C」には営業せず、書店から電話などで注文があった場合だけ対応する。

◉新しい本ができたら、「S」の二〇店舗からは二〇〜三〇部、「A」の二五〇店舗からは五部前後、「B」の一〇〇〇店舗からは一〜二部など、受注部数の目安を決めて営業する。

◉「良い営業」と「悪い営業」の基準を設ける。「S」から五部しか受注できないのは失敗だが、「B」から一〇部を受注してしまうのも失敗だ、という認識を共有する。限られた初版部数を、バランスよく配分する。

◉新しい書店は、まずは「新」とし、半年ほど受注、販売、返品の状況を見てからランクを決める。もっと売れるはずなのにY社の本の扱いが悪い書店は「攻」（攻略店）とし、今後の課題とする。

社長は、僕の提案を受け入れた。しばらくは僕がこの方針で実験的に営業しながら、全体の注文と返品のバランスがどう変わるか、見ていくことになった。やっと目の前が開けたような、久々に晴れやかな気分だった。

ところが、実験のスタートとなる関西出張でアクシデントが起きた。出発の前日から発熱があり、初日はなんとか予定をこなしたものの、二日目は高熱に耐えられず途中でホテルに戻り、その晩に救急病院へ運ばれた。肺炎にかかっていた。

三週間の療養のあいだに、気持ちが変わった。思い出した、といったほうが正確かもしれない。俺、もともと何をしたかったんだっけ？ と考えるようになった。すると、これまでの仕事が急に虚しくなってしまった。会社に復帰しても気持ちは変わらず、一週間ほどで辞表を出し、さらにその一週間後にはY社を辞めた。

それから半年後、僕は「新文化」という週刊の出版業界専門紙を発行している会社の編集部に、運よく潜り込んだ。「新文化」は、Y社も購読していて、はじめのうちは「これは勉強になるから読むように」と社長から渡されていた新聞だった。やがて社長の机から勝手に持ちだし、毎号楽しみに読むようになった。書店のランク分けも、「新文化」の記事にヒントを得たのかもしれない。

専門紙の記者になり、書店へ行く目的が営業から取材に変わると、毎日が楽しくなった。売りたくない本、売れると思っていない本を書店に紹介しなくてよいということが、精神的にこれほどラクだとは思わなかった。

いまになってわかる、Y社時代の僕の失敗を整理する。就職にあたっての事前の準備がたりない、仕事が嫌になるとサボってしまうなど、あまりに低次元の話は省く（そうした日常の怠惰こそ、失敗の最たるものではあるのだが）。

一、商業出版とは「企画、執筆、編集、営業などに分業化されているもの」と思い込んでしまった――たとえば大学時代のように、全員で企画し、書き、広告を集め、制作し、販売し、余ったカネでひと晩じゅう打ち上げをするという方法で商業出版をしても、なにも間違いはない。仲間たちと自分なりの出版をはじめ、それを極めることもプロへの道だったのだ。商業出版の方法に「こうしなくてはいけない」というルールはない。

二、営業方法の改革案を、きちんと実行せずに辞めた――限られた初版部数をバランスよく配分しようと思いついたことは、正解ではないが、前進ではあった。実験と改善を繰り返していけば自分なりの方法を体得できたかもしれないのに、自ら機会を手放した。

三、書店と向き合ううえでの理想をもっていなかった――書店を「S」から「C」までランク分けするという営業改革は、おそらく早々に行き詰まっただろう。そのように書店をひとつの表のなかに収め、評価を確定するような捉え方は、それぞれの書店の経営状態、チェーン店であれば異動も多い店長や担当者の能力、販売への意欲など、個別の事情や変化を見落とすという罠に陥りやすい。一見すると混乱した状況が整理されて良いことのように思えるが、わかりやすい俯瞰をしたがる気持ちの底にあるのは、自分のほうだけがすっきりしたい、というワガママなのだ。自分と同じように、書店も個別性をもった存在であることを理解すべきだった。

専門紙の記者となった僕は、大小さまざまな出版社、書店、取次を取材するうちに、Y社にいた頃には想像もしていなかったテーマに出合い、これを追い続けることになる。

第二章
「直取引」とは何か

「みんな」がやっていけるシステム

出版業界専門紙の記者となり、書店、出版社、取次を取材対象とするようになると、視界はそれまでより広がった。知り得たことの一つひとつを、Y社にいたころの自分に教えてやりたかった。

全体構造を知るにつけ、一つひとつを理解する必要があることも痛感した。書店も、出版社も、取次も、それぞれの事情を抱えて運営していた。業種が同じであっても、やっていること、考えていることは、事業規模、経営状況、経営者や担当社員の性格などによって異なる。その一つひとつの総和が、全体構造なのだ。

Y社にいたころ常に頭を悩まされた受注と返品のバランスの問題についていえば、たとえば、取次の毎年の決算月には書店への本の送り込みが増える。各大手出版社の決算月にも、書店への送り込みが増える。書店の決算月には返品が増える。それぞれが、その期に目標としている売上高や利益額を達成しなくてはならないから、追い込みをかけるのだ。

そうなると、Y社の本が書店の売場に並びにくい、並んでもすぐに返品される、といった影響を受ける。各社の事情が折り重なったうえで形成される流通ルートにY社の本が乗っているのだということを、もっとよく理解すべきだった。そうした動向を注視していれば、書店への営業方法も違ってくる。取次や大手出版社の決算期は新刊の発売を避ける、発売する場合はあえて特別扱いをしてもらえる企画を立てるなど、方法はいろいろあったはずだ。

取次に対してもそうだった。

出版社、書店ともに倒産や廃業が相次いでいるものの、日販、トーハンという最大手取次は、現在もそれぞれが三〇〇〇ほどの出版社と四〇〇〇〇店舗以上に及ぶ書店と取引をしている。取次各社の合計では、新たに刊行されたタイトルだけで毎月五〇〇〇〜七〇〇〇点、既刊書も含めると七〇〇〇万冊からときには一億冊以上もの本を書店に送りこんでいる（全国出版協会・出版科学研究所発行『2015年版 出版指標 年報』および『出版月報』を参照）。そのなかで自社の本を生き残らせたいなら、あの「見本出し」の列にぼんやりと並んでいてはダメで、特別扱いしてもらえる方法を考えなくてはならないのである。

売ることに熱心な出版社や営業担当は、それぞれの工夫で実績をあげていた。「これだけ売ってくれたら一部につき何十円の報奨金を出す」と書店に向けて公示するのは当たり前。公表はせず、いくつかの書店に〝裏報奨〟を渡す約束をしている出版社もある。奇抜な宣伝をして目立っている出版社もあった。取次や書店の役員としょっちゅう酒を飲み、ゴルフに出かけ、と人間関係を深めることも、熱心な営業活動であることには変わりない。

取次ルートの出版物販売額は、僕が「新文化」の記者となった一九九〇年代後半からマイナス成長が続いていた。このままでは業界が崩壊してしまう、といった危機説が盛んに語られていた。

　そうしたなかで、取次や大手出版社は、業界の「みんな」ですこしずつ状況を改善していく道を探っているようだった。取次は「新刊配本」の仕入れを減らして売れている本に送品を集中させたり、書店への配本も大手と零細の格差をより広げたりと保守的になってはいたが、小さな書店や出版社をばっさりと切り捨てるようなことはなかった。関与の仕方は企業によって違うが、たとえばトーハンは、最大の取引先であるセブン-イレブンらとインターネット書店「イー・ショッピング・ブックス」を一九九九年に立ち上げたとき、我われを見捨てるつもりか、という反発の声が書店からあがったのを受けて、「e-hon」(いーほん)という、読者が書店を受取窓口に使うこともでき、書店の売り上げも立つネット書店サービスを開発した。小学館は、書店からの受発注をインターネット経由に切り替えるころ、書店商業組合の各書店がパソコンを導入するための金銭的な支援をした。

　もちろん、これらはたんなる善意でやっているのではなく、商売上の必要からでもある。出版市場が飛躍的に拡大した高度経済成長期やバブル期を中心に、主力商品となった雑誌や漫画を多く売り、地域の人々に丹念に本を渡してきたのは、全国各地の零細規模の書店である。二〇〇〇年代に入っても、それらが主力商品であることにかわりはなかった。彼らにとっては、零細書店に一斉にそっぽを向かれることがいちばん怖いのである。

小さな者は大きな者に庇護を求め、大きな者はそれにある程度まで応えることで、「みんな」がやっていけるシステムは維持される。共同体を守るための不文律であり、個々の会社が生き抜くための知恵なのかもしれない。それで業界が未来永劫つづくのであれば、輪の中にいる限り店や会社をつづけていけるのであれば、なんの問題もない。出版流通をテーマにする記者としても、「現状を守るためにはこうしたほうがよい」と書いていれば、ともかく仕事にはなる。

だが、業界の大手各企業の決算も減収・赤字基調となり、徐々に「みんな」の面倒を見ていられない時代に入っていた。小さな書店、小さな出版社は、いざというときにも取次や業界のシステムの庇護を受けず、自分で苦境を乗りきっていける力をつけておくべきだった。

ところが、業界の各大手企業の中途半端な優しさは、小さな書店、小さな出版社をより弱くした。出版社は「取次が……」「書店が……」、書店は「取次が……」「出版社が……」と、不満を言う。自分のところが上手くやっていけないのは業界の仕組みがきちんと整備されていないせいだ、というニュアンスでモノを言う人が多かった。それぞれの指摘はたしかに解決すべき問題ではあるだけに、話が厄介だった。だが、他人を恃んでいる限り、解決はしないだろうという印象を受けた。

この状態がいつまでも続くはずはない、これまでの体制の維持を前提とするような、ちょっとした改善では出版市場は回復しないだろう、と思うことも多くなった。
一言でいえば、本は年を追うごとに売れなくなっていたからだ。

「では、自分で売ります」

従来の出版業界は、運営の源泉となる資金を消費者や広告主から取れなくなっていた。年々ちいさくなっていく分け前を、奪い合っているように見えた。そもそも、本の産業は「取次ルート」や「従来の出版業界」だけで形成されているわけではない。本を書く権利、つくる権利、売る権利は、誰にだってある。二〇〇〇年十一月にアマゾン・ドット・コムが日本版のウェブサイトをオープンすると、インターネット通販で買い物をするという消費行動が次第に浸透していった。パソコンや携帯電話の普及が進み、それらを通じて情報を得る人も増えていった。人々が「書店で買った本を読む」という行為にかける時間は、次第に減った。

こうした状況にあっても出版社や書店をやっていきたいのなら、続けていく「理由」と「方法」が必要である。この二つのどちらか、あるいは両方を伝えられるような話題を、僕はいつも探すようになった。

見つけたテーマのひとつは、取次という流通システムに頼らずに出版社や書店を経営していく方法があるのではないか、というものだった。出版社は「取次に全国の書店へ本を配ってもらうこと」に、書店は「取次に本を送ってもらうこと」に依存しすぎている。これが出版社と書店の弱体化の要因になっている。

縮小する市場から去っていく人が続出するのは当然だ。これからは、よほど資本に余裕のある人を除いて、「どんなに市場が縮小しようと自分はやる」という心意気のある人だけが残っていくことになる。ただ、心意気だけではダメだ。これまでは心意気さえあれば、取次が全国の書店に本を配布してくれた。極端にいえば、それが「全然売れそうにない本」であっても、だ。だが、「売れそうにないので、ウチでは扱いません」とハッキリいわれる時代が、まもなく来る。「一〇〇〇冊ひきうけてほしい？　一〇〇冊でじゅうぶんです」といわれたという事例は、すでに数多くあった。このとき、「では、自分で売ります」と言い返すには、自分で流通・販売をする方法をもたなくてはいけない。

取次を介さず、書店と直接交渉し、宅配便などを利用して本を送っている数社の方法を、特集記事にまとめた。その半年後には、「〝直〟に挑む」というタイトルの連載を始めた。二〇〇二年のことだ。

出版社と書店が取次を介さずに取引することを「直取引《ちょくとりひき》」と呼び、さらに略して「直《ちょく》」という人も多い。

これは、日本の出版業界に特有の単語である。他の業種では、わざわざこんな言葉を使わない（使うとしても「直取引《じか》」と言う）。メーカーと小売業者が直接取引をすることなど、べつに珍しくはないからだ。海外の出版業界でも当たり前のことである。日本の出版業界だけは、取次ルートを「正常ルート」と呼ぶなど、取次を介することが常識のようになっている。

もっとも、直取引が業界に反目するような商行為かといえば、そんなことはまったくない。はじめは書店との直取引で事業を開始し、刊行点数が増え、事業規模が拡大したところで取次と契約したという出版社は昔から多いし、なかには直取引をメインにしたまま継続している出版社もあった。そうした直取引出版社の方法を紹介することで、〝脱・取次依存〟をはかる出版社がすこしでも出てきたら面白い。

連載の第一回は、実用書、児童書を中心に刊行する永岡書店を紹介した。一九六三年の創業と歴史があり、社員数一二〇人、年間刊行点数一〇〇点余り（いずれも取材当時）と、現存する直取引系出版社としては最大の出版社だ。その後も、当時は「CDサイズのメッセージブック」シリーズなどがヒットし、全国の書店の売場で存在感を発揮しはじめていたディスカヴァー・トゥエンティワン（一九八九年に出版事業を開始）などをとりあげていった。

取材を重ねていくと、取次ルートで本を流通させている多くの出版社と比べ、こうした直取引出版社は発想や方法が自由だ、という印象を受けた。

どこが、どのように自由なのか？　比較してみよう。

取次ルートを使う出版社がやっていることの基本は、僕がいたY社と同じである。本をつくり、おもには「新刊委託」と「注文」の二種類の取引条件を使って、取次を介して書店に本を配る。

出し正味(出版社から取次へ卸すときの、定価を基準とした掛け率)も、だいたい固定されている。Y社の場合は、「注文」だと六七パーセント、「新刊委託」だと、ここから「歩戻《ぶもど》し」と呼ばれるものが取次に五パーセント引かれて六二パーセントだった。「新刊委託」における「歩戻し」とは、取次の組んだパターンを使って本を配ることに対する「配本手数料」である、とされている。だが、21頁で説明したように、そもそも「新刊委託」は、七カ月先まで取次が仕入れ代金を払わずにプールするという措置がとられている。なぜそのうえ「歩戻し」まで徴収するのかという理由は謎で、慣習というほかなさそうだ。いずれにせよ、新興の出版社はほとんどがとられているといってよい。Y社と同じ五パーセントが一般的だが、三パーセントという出版社も多い。

第一章では説明しなかったが、「注文」に関しても、新興出版社には「支払保留」という不利な条件がある。「注文」分の取次からの入金は、送品の翌月にあるのが原則だが、実際に翌月に入るのは送品金額の七割で、残りの三割は半年後に支払われる。この割合や期間も、出版社によって若干の違いがある。

注文　　＝六七パーセント（金額の三〇パーセントは半年間の支払い保留）
新刊委託＝六二パーセント（歩戻しの五パーセントを引かれる）

Y社のように昭和の終わりから平成はじめころに取次と口座を開いた出版社は、多くがこの条件だった。そして、この条件でスタートすると、なかなか改善されない。せいぜい、交渉したら「歩戻し」が三パーセントになったとか、取次のある一社だけは「注文」を六八パーセントにしてくれたとか、聞こえてくるのはその程度だった。なお、近年はさらに厳しくなっており、新規出版社の条件は「注文＝六五パーセント」「新刊委託＝六〇パーセント（五パーセントの歩戻し）」が基本だという。

大手出版社や、戦前から一九七〇年代ころまでに創業した出版社は、これより有利な条件で取引していることが多い。岩波書店など有名な専門書系出版社は七〇パーセント台、講談社や小学館といった最大手出版社はそれより低い六九〜七〇パーセントほどとされ、「注文」だろうと「新刊委託」だろうと、入金はすべて翌月で、歩戻しや支払い保留もない。とくに、大手取次の日販やトーハンが創業し、戦後の出版流通システムが立ち上がった一九四九年までに業界での地位を築いていた出版社だと、当時の有利な条件をそのまま継続しているケースが多いのである。なかには取次に出資をしている株主という場合もある。

同様の条件格差は書店にもある。書店の利益は一般に販売価格の二一〜二三パーセントとされているが、いわゆる大手書店などは、取次と個別に結んでいる契約内容により、高い場合は二五パーセントほどの利益を確保している。いっぽう小規模や新興の書店は、大手書店がどんな本を仕入れても一律の利益を得られる（「一本《いっぽん》正味」と呼ばれる）のに対し、取次にとって仕入れ値の高い大手や老舗の出版社の本は利幅が薄くなってしまう（「出版社別正味」と呼ばれる）などの違いがある。

これは、出版業界において解決すべき差別問題か？

新興の小さな出版社と大手や老舗の出版社は、平等に扱われるべきか？

必ずしもそうは思わない。出版業界は「商売」をする者の集まりだからだ。関わる者全員が均《ひと》しくいい思いをできる商売などないし、格差が生じるのは当然だ。商取引とは本来、個々に結ぶものであり、それぞれの取引先とどのような付き合い方をするかという判断は、一私企業である取次の自由だ。たとえば講談社とY社を比べて、取次にとって大幅に譲歩した条件を提示してでも取引したいのはどちらか？ 誰が見ても講談社に決まっている。

取次は、多くの出版社や書店と取引することで出版産業の多様性を支え、日本の出版文化の興隆に寄与する業界の公的機関のような役割を担いながら、いっぽうで自社の利益と保身を優先する。これを巧く使い分けることも、業界を牽引する企業としては当然ではないかと思う。ただ、その判断を誤って、魅力ある本を刊行する小規模出版社、販売力のある小規模書店にまで厳しい条件をつきつけているケースも発生している。これは、取次とその取引相手の双方にとって損失ではある。

つけ加えれば、こうした大手取次や老舗の出版社は、〝有事〟のたびに支援を要請される。もちろん、基本的にはすべてカネの絡む話だ。書店向けに新たなサービスを立ち上げるとなれば出資を依頼され、読書推進運動のような「本の魅力」を広くアピールするイベントを開催するとなれば協賛金を求められる。二〇〇〇年以降は中堅規模の取次が倒産や経営困難に陥る事態もたびたび生じているが、そうした場合に当面の支払猶予などを相談されるのも、常に大手出版社である。

いずれにせよ、大多数の中小・零細出版社は、取次、あるいはその株主である大手・老舗出版社が構築したシステムに守られ、その代わりに定められた不利な条件を呑む、という構造のなかで生きていた。取引条件はほぼ一律、最新刊が出来上がったら取次へ出かけて「見本出し」の列に並び……といった業界慣習に従ううちに、事業の方法も硬直的になっていく。Y社も、まさにその穴に陥っていたと思う。

これに対して、直取引の出版社はどうか。

たとえばある出版社は、どんな本でも初版は一万五〇〇〇部から二万部を基本にしている、と説明した。

僕が所属した当時のY社は、初版は五〇〇〇部が基本だった。これは現在では多いほうで、いま、日本の出版社では、多くの単行本の初版は二〇〇〇部から四〇〇〇部といったところである。

でも、書店は多い時代には二万軒以上あったし、いまも一万軒以上あるとされている。その出版社は当時、店舗数で一万以上の書店と取引関係を結んでいた。「わざわざ個別に契約をしている店に送らない新刊があるのはおかしい。我われは、この一万軒が必要だと考えるから契約している。すべての新刊を、すべての取引書店に、最低でも一冊は送ります」。

ある出版社は、書店には定価の八掛け(＝八〇パーセント)で卸している、と説明した。

書店との直取引は、取次を通さないぶん、出版社と書店それぞれの取り分は大きくなる、と多くの人は考える。

一般的には、これは正しい。前述のとおり、取次ルートで流通する出版物のそれぞれの取り分を大雑把にいうと、出版社(著者のぶんを含む)が七割前後、取次が約一割、残りの二割ほど(厳密には二二〜二三パーセントほど)が書店、ということが多い。そして直取引の場合は、取次の取り分となる一割を、書店と出版社で折半するような分配率になることが多い。出版社＝七・五割／書店＝二・五割、もしくは七割／三割、といったところだ。

ところがその出版社は、自社で八割をとってしまい、書店にはちょうど二割しか渡さないという。書店にとっては、取次を介さずに仕入れるのに、通常より利益が少ない。「ウチは『この条件でも売りたい』といってもらえる本を出している」というのだ。かなり強気な姿勢だが、それでも仕入れるという書店とだけ取引したい、と方針をはっきりさせていた。

取次ルートの出版社に比べて直取引系の出版社は発想や方法が自由だ、というのは、このように初版部数や取引条件といった事業の根幹にあたる部分ほど自分で決めている、ということだ。同業他社の状況を見て、じゃあウチもこれくらいかな、という妥協をしていない。

書店も、直取引に積極的なところは仕入れの方法にバリエーションがあった。必要と判断した本は発売元に直接連絡し、返品せずに一〇〇部を買い取るので定価の五割で卸してほしい、などといった交渉を日常的に行っていた。定価販売の拘束がない（再販契約をしていない）本の扱いを増やし、売れ残ったら割引販売をするなど、多様な方法で在庫を処分している書店もあった。

ただ、これらをもって「直取引のほうが出版社も書店も利益率が上がるし、良いことずくめだ」といいたいのではない。

直取引系の出版社に取材を重ねることで得た結論のひとつは、取次を介さないからといって自社の利益が増えるわけではない、ということだった。取次に物流と精算（書店からの金の回収）を頼まない以上、それらを自分でやるしかない。永岡書店は取材当時、在庫の保管、発送、返品の受け取りを行うために自前の流通センターを二つ建てていて、専任の役員、社員がいるのはもちろん、二館合計で約六〇人のアルバイトを雇っていた。

もっとも、直取引の出版社がそのことに苦しんでいるようには見えなかった。それらの重大業務とは、じつはルーティンワークでもあるからだ。

　書店から注文を受け、納品書や請求書をつくる。本を梱包し、発送する。書店に仕入れ代金を払ってもらう。返品を受け取り、在庫を管理する。

　どれも、毎日おこなう作業であるために、ルーティンワーク化せざるをえない。言い換えれば、ルーティンワークに過ぎない。維持することが大変な作業ではあるが、やらなければ会社の運営がとまってしまうから方法を確立するしかないし、方法を確立できれば、やっていけないことはないのだろう。

　問題は、それこそが難しそうだ、ということである。真似のできる先例があるほうがありがたい。では、これから新たに出版社をはじめる人が「そうか、ウチもこうやればいいんだ」と思えるようなモデルは、どこかにあるのだろうか？

　そこで格好の手本となったのが、トランスビューだった。

第三章
「トランスビュー方式」

方法は自分で決める

トランスビューは二〇〇一年四月の創業。第一弾書籍は、同年七月刊行の『オウム』（島田裕巳著）だった。以来、二〇一六年四月までに刊行してきた本は一四〇点。哲学、宗教研究といった人文、社会科学分野の本が中心だが、専門書というよりも柔らかく、読みやすくした本が多い。

はじめて事務所を訪れたのは、創業二年目の冬であった。

取材依頼の電話に応対した人の第一声を、よく覚えている。

「そろそろウチだろうと思っていました。いつでもいらしてください」

自信をうかがわせる、落ち着いた言い方だった。その人が連載「〝直〟に挑む」を読んでいることがわかったし、この連載がもつ意義を、記者である僕よりもわかっている人なのではないか、という予感がした。

編集代表・中嶋廣（一九五三年生まれ）。営業代表・工藤秀之（一九七二年生まれ）。トランスビューは、事実上この二人でやっている出版社だった。まず、僕がかつて所属したY社と同じ規模であることが、わかりやすかった。それまでに取材した直取引出版社の事業規模は、従業員が数十人から一〇〇人以上の中堅クラスだったから、話を聞きに行くと、まずは社長室や応接室に通された。だが、トランスビューの事務所は中嶋の知人が営む会社の一角を間借りしただけの簡素なもので、狭いながらも単独でマンションの一室を借りていたY社より小さかった。なんの変哲もない机やパソコンがあり、隅っこに既刊の本が積まれていた。話を聞くうちにわかった。似ているのは規模だけで、Y社とはまったく違う。

まず、立ち上がりが大きく違っていた。彼らは出版社を始めるにあたってトーハンと日販へ口座開設の相談に行った結果、取引をしない決断をしていた。取次から提示された条件は、Y社とほとんど同じだ。Y社の社長は「はじめは仕方がない、実績を積んだら改善してもらおう」と判子を押し、そのままずっと同じ条件でやっていた。

トランスビューは、はじめから要望を明確にしていた。

それは「あくまでもメインは書店との直取引であり、取次ルートは補完的に使う」「書店には七掛け(定価の七〇パーセント)で卸すので、取次も同じ七掛けで仕入れてほしい」という二点である。取次としては、特例を除いて新規出版社に提示する条件はY社と同じ六七パーセント程度と決めているから、トランスビューの要望を受け入れられない。

彼らは「では、やめます」と席を立つことで一歩目を踏み出したのだ。

流通の方法は自分で決める。

取次に合わせて妥協しない。

それまでに取材した直取引の出版社も、トランスビューもそう考えていた。事業開始後、書店に卸すのと同じ七掛けでもかまわない、とトランスビューの希望を受け入れた唯一の取次が中堅の太洋社だった。精算作業を増やすのは嫌だといった理由から、なかには直取引を望まない書店もある。そうした書店には、買切り（返品不可）限定で太洋社経由での仕入れを提案していた。直取引での仕入を望まず、なおかつ太洋社と取引をしていない書店には、「トランスビュー→太洋社→自店が取引する取次→自店」のルートで仕入れてもらうようにした。同業である取次間の取引が介在することから、出版業界では「仲間卸し」と呼ばれる（なお、太洋社は二〇一六年三月に倒産した。これについては第五章で触れる）。

書店にとっては、トランスビューから七掛けで仕入れた場合の取り分は、販売価格の三〇パーセント。取次経由で仕入れた場合の取り分は、45頁に記したとおり二一〜二三パーセントが一般的だ。書店—取次間の契約内容によっても違いがあるが、「仲間卸し」となる場合は、さらに取り分が減ることもある。

いずれにせよ、トランスビューにとって取次はあくまでも副次的なルートである、と表明していることになる。取次が受け入れられないのは当然かもしれないが、本来はそうあるべきだ、という見方もできる。出版社と書店にとって困難な業務を補佐することが取次の役割なのだから、副次的に使える存在として機能することが、あるべき立ち位置なのかもしれない。

中嶋と工藤は、仏教書の刊行を中心とする出版社、法藏館の同僚だった。法藏館の本社は京都にあり、中嶋は東京営業所の所長をしていたが、この東京営業所が閉鎖されることになると、自ら出版社を興すことを決め、当時は社員となって三年の若手だった工藤を誘い、営業部門を任せることにした。

新しく出版社を始めるなら、書店とは直取引で——工藤は当初からそう考えていて、中嶋の誘いに応じるうえでの条件でもあったという。

なぜ、直取引にこだわったのか？

「書店にまっとうな利益を得てほしいからです」

工藤秀之は、きわめて簡潔に答えた。

「取次ルートにおける書店の粗利益率は、たしかに低いと思います。何パーセントがいいかは書店によって違いもあるかもしれませんが、ウチは七掛けであれば卸せる。ではそうしよう、ということです」

書店様に喜んでいただきたいのです、と媚びるような響きはなかった。書店に売ってもらうと決めた以上、そう考えるのは自然なことではないのか？ 僕に向かってそう問い返しているようだった。

退職と独立を決めた二〇〇一年はじめごろから、工藤は地方出張も含む営業先の書店に、出版社の立ち上げを準備していること、新会社では直取引でやっていきたいと考えていることを、すこしずつ説明していった。先行している直取引出版社は七・五掛け（七五パーセント）

で卸しているケースが多かったが、書店に話を聞くと七掛け（書店の利益は三〇パーセント）を望む声が多く、これが「まっとうな利益」を得てもらうためのラインだと判断したという。

「たとえば、月に一〇〇万円を売る、ひとりでやっていらっしゃる小さな書店があったとします。利益率が業界平均の二二パーセントであれば実収入は二二万円。三〇パーセントなら三〇万円です。八万円あれば、アルバイトを一人雇う、数十人の得意先に手紙を書くといったことができる。七掛けという設定は、その書店さんが店の経営のために新しく何かをできるだけの金額を生みだすと考えました」

退職した同年三月から本格的な準備に入ったものの、七月の第一弾書籍『オウム』を発売日から店頭に並べた書店は、わずか五〇店舗ほど。しかも、その多くは紀伊國屋書店とジュンク堂書店の本店、支店で占められていたという。

工藤が発売前に訪問したのは、東京都内の大型書店、人文書の販売に強い書店に限られた。会社設立の準備に追われるなかで全国各地を巡回するほどの時間は確保できず、法藏館時代に作成していた一〇〇〇店舗以上の書店リストをもとに、挨拶状と注文書を郵送した。『オウム』が三八〇〇円と高額だったこともあって注文に二の足を踏む書店も多かったが、刊行後に新聞書評などが多く出ると、取引書店も少しずつ増えていったという。

即日、希望どおりの数で出荷

トランスビューが書店に提示したのは、七掛けという掛け率の設定だけではなかった。どんな態度で書店と向き合うかという方針は、むしろ注文を受けた後の「送品」のほうに、より明確に表れていた。

◉書店から午後二時(取材当時。現在は午後六時)までに受けた注文は、その日のうちに出荷する。早ければ翌日、土・日曜日など週末を挟んでも四日以内には着荷する。

◉注文冊数が一冊であろうと一〇〇冊であろうと、書店の要望どおりの数を、注文を受けた順に発送する。書店の規模や販売力、看板の大きさなどで差別しない。

わずかな例外を除き、すべての書店に対して「即日出荷」「要望どおりの冊数で出荷」を原則にしているという。例外とは、どうみても過剰な冊数を注文してきた場合には理由を訊くとか、かつて支払いをしなかった書店の注文には応じない場合もある、という意味である。

また、返品をしない「買切り」と返品可能な「委託」を書店が自由に選べるようにしており、掛け率はどちらも同じ七掛け。つまり、推奨しているのは「委託」だという。これも、腑に落ちる話だった。出版物は、刊行前の段階では商品見本の出来上がっていないものがほとんどである。完成品としての姿がはっきりしないのに「買切り」では、書店にとってリスクが大きい。試しに置いてみる、売れなかった場合は返品が可能であることを優先的な手段として書店に保証するのは大切なことだ。

ただ、そうなるとY社で送品と返品のバランスに悩まされてきた僕としては、気になることが出てくる。そうして書店の望むままに送って、返品は増えないのか。

「ここ一カ月の返品です」

工藤は、部屋の隅に積まれた数十冊の本の山を指さした。

トランスビューでは、書店から初めて注文があった場合、まずは「直取引での仕入れ」と「太洋社を介した取次経由での仕入れ」を選択できることを説明する。太洋社を介した取次経由の場合は返品不可の買切り。直取引を選んだ場合は、返品可能な「委託」でも、「買切り」でもかまわない。もっとも、掛け率は同じなのだから事実上「買切り」は存在しない、といっていい。書店側が、客注（＝客から取り寄せを頼まれての注文）への対応をするだけで継続的な販売を考えていない、一度の仕入れだけで取引を終えたい、といったスポット的な利用を望む場合に対応するものでしかない。

売場に長く陳列するなど継続的に販売する意思がある書店には、初回の納品をするときの段ボール箱に同封するか、FAX送信をするかたちで「取引覚書」か「取引商品、取引条件確認書」を送り、署名・捺印したものを返送してもらいたいと伝える。

二種類の契約書を用意するのは、書店の仕入れの頻度によって精算日(書店の支払い期日)の設定に違いをもたせるためだ。「取引覚書」の「第六条 ⑦支払」には、初回の納品分は書店の支払日を四カ月後の月末日とすること、その後の追加発注分は納品の翌月末日の支払いとすることが記されている。「取引商品、取引条件確認書」の「第二条　7支払」には、「一月～六月」と「七月～十二月」の半年ごとで請求金額を集計し、支払い期日は集計期間の翌月末日とすることが記されている。つまり、「取引覚書」は毎月のように発注をする書店向け、「取引商品、取引条件確認書」は数カ月に一回程度の発注をする書店向け、ということになる(「取引覚書」「取引商品、取引条件確認書」を70～71頁に掲載)。

また、返品の期限は設けておらずいつでも受けとること、ただしトランスビューから書店へ納品する場合の送料はトランスビューが負担するが、書店からトランスビューへ返品する場合の送料は書店側の負担である、と付け加える。

書店としては、直取引で仕入れたほうが利益は多くなるが、売れ残りを返品する場合は、段ボール箱に詰め、数百円の宅配便を使って送り返さなくてはならない。売りきってしまうほうが手間もコストもかからないから、自然と、一度に注文するのは売りきれると見越した冊数だけ、ということになっていく。予想より早く売れてしまっても問題はない。追加の発注をすれば、早ければ翌日、遅くても四日後には届くからだ。見込み違いで売れ行きが鈍かったとしても、日数をかけて置きつづけて売りきろう、と考えるのだろう。
これらのやり取りを個々の書店と積み重ねてきた結果が、彼の指さした小さな返品の山だった。

つまり、返品はほとんどない。数が少ないので、書店には在庫の保管のために契約している倉庫業者ではなく、事務所へ直接送ってもらっているという。

以来、時どき工藤秀之に会い、話を聞き、記事にするようになった。二〇〇三年十二月にはインターネット通販のアマゾンへ卸すためのルートとして取次の大阪屋とも口座を開いたが、書店との直取引を基本とする姿勢は変わらなかった。二〇〇三年六月からは「当日のうちに出荷」の対象とする受注締切り時刻を、夕方の午後六時までに延ばした。

なかでも驚かされたのは、創業から六年を経た二〇〇七年におこなった、書店に卸す掛け率の変更である。

精算書が書店側の指定のもので他書店とは別の手間がかかる、支払いが滞りがちであるといった一部の書店を除き、定期的に注文のある書店に卸す場合の掛け率を、七掛けから六・八掛け(六八パーセント)に下げた。「これまでのお取引への謝恩です」「ウチのほうも、六・八掛けでも利益を残せる経営状態になってきたので」というのがその理由であったが、書店からの要請もないのに自ら進んで掛け率を落とした出版社というのは、おそらく前代未聞だろう。

自分のなかの固定観念を崩されることは、ほかにもあった。

ひとつが、営業についての考え方である。

返品こそ少ないが、取次を利用しないことによる作業負担はかなり重いはずだ。多くの出版社は、契約している数社の取次にだけ請求書を出す。直取引となると、その作業は完全に書店ごとになる。また、トランスビューでは梱包、発送作業を、業務委託をしている倉庫会社に任せるだけでなく、自ら事務所でもおこなうという。最少人員体制での日々の業務は、けっしてラクではないはずだった。

そんな状況で、書店回りの営業をいつするのか？

創業からしばらくは名前を認知してもらうためにも回っていたが、いまはほとんどしません、と工藤は話した。「回れない」というより「回らない」のだという。

「いまの私は、基本的には御用聞きです。ご注文があったら即座に対応できるようにしておくだけ」

Y社での経験からいえば、営業とは、仕入れる気のない書店をその気にさせ、一冊のところを三冊、三冊のところを五冊、一〇冊と置いてもらうように話を進めるのが仕事だ。次のステップとして、返品が増えないよう受注数を抑えることも重要になったが、あくまでも原則は、書店が置いてくれるように、一冊でも多く売ってくれるように仕向けることだった。

ところが工藤は、自分の役割をそのように捉えていなかった。

なにを仕入れるか、なにを売るかを決めるのは、書店の仕事である。

出版社の役割は、これが円滑にできるよう対応することにある。トランスビューの本を仕入れ、売りたいと思ってくれた書店に、望むままの冊数を、できるだけ早く送る。売れたらまっとうな利益を得られる条件を設定しておく。

この態勢を常に準備しておくことが仕事の要諦であり、書店が自発的に「売りたい」と思っていない本を、ときには会社同士、あるいは書店員と営業担当の人間同士の情も絡ませて置いてもらうように仕向けることは、お互いのために良くない、と考えていたのである。

「ただし、トランスビューから今度こういう本が出る、既刊のラインアップはこうなっているということを、できるだけ多くの書店に知っていただくことは大事です。それがないと、売りたいと思ってくださるきっかけも発生しないので」

そのためには、出版業界で使われている主要な書誌データベースに自社の本が登録されていることが重要で、そこには課題があると考えていた。書誌データベースとは、書籍や雑誌のタイトル、出版社名、著者名、定価、ＩＳＢＮコード（書籍に付与される登録番号。雑誌であれば「定期刊行物コード」）などの基本情報を網羅したものである。多くの書店員が仕入れる本を探し、判断するために書誌データベースをあたるが、書店が利用する書誌データベースは、おもに取次によって構築、更新されている。直取引の出版社であることが原因で取次のデータベースから外れてしまう事態は避けたかった。

その対策のひとつとして、トランスビューは「版元ドットコム」という出版社団体に参加していた。版元ドットコムは、ポット出版の代表である沢辺均《きん》がリーダーシップをとって二〇〇〇年に始動したもので、会員の出版社(版元)の既刊や最新刊の情報を、随時更新されるデータベースとして、取次、大型書店、インターネット書店などに提供し、「こんな本が出た」「こんな本も出ている」ということを広く知ってもらえる状態を整えようとした団体である。自社の本が書店や読者にきちんと知られていないことは、トランスビューに限らず小規模の出版社に共通の課題だった。同団体には二〇一六年四月時点で二一一社が参加している。

返品の不安がないトランスビューの流通方法は、大部数の販売にも効果的だった。

二〇〇三年三月、トランスビューは『14歳からの哲学』(池田晶子著)を刊行し、同書は各書店のベストセラーランキングに長くとどまるヒットとなった。現在も増刷を重ね、累計四〇万部を超えるロングセラーとなっているが、部数が急伸していた発売から一年あまりは、一度に一万部単位で増刷することも多かったという。

増刷のタイミングと部数は、出版社経営においてもっとも難しいとされることのひとつだ。多くの書店は、ベストセラーをなるべく多く確保したいと考える。ところが全国の同業者が同じことを考えていて在庫の奪い合いになってしまうから、実際は一〇部入荷すれば間に合うところを、あえて二〇部、三〇部と、多めに注文する。出版社や取次の裁量で送品数を減らされることを見越して、ふっかけるのである。

出版社としては、これに素直に応じるのがいちばん危ない。A書店から三〇部、B書店から五〇部、といった注文を単純に足し算したぶんだけ増刷し、送っていたら、売れ行きが止まった途端、今度はその本が山のように返されてくる。最終的には増刷費用や広告宣伝費などを回収できず赤字となってしまう、ということさえある。

ところがトランスビューには、そうした危険がないのだ。

さきに書いたように、多くの書店には、注文したとおりの冊数が翌日か翌々日には届く。二冊、三冊といった小刻みな追加発注にも即座に対応するから、無理して多めに注文する必要がない。トランスビューのほうも返品がきわめて少ないことを確信しているから、書店の発注にしたがって増刷すればよかったのである。

三原則

これらの方法は、やがて業界内で「トランスビュー方式」と呼ばれるようになった。

①すべての書店に、三割（正確には多くが三二パーセント）の利益をとってもらう。
②すべての書店に、要望どおりの冊数を送る。
③すべての書店に、受注した当日のうちに出荷する。

直取引というと、書店にとって取次から仕入れた場合の二一～二三パーセントより利益の増える①がクローズアップされることが多いが、「トランスビュー方式」とはこの三点が揃っていることであり、どれか一つでも欠けたら成立しない。

ただ、この「トランスビュー方式」が成立するうえで欠かせないものがひとつある、と僕には思えた。それは、書店にとって「売れる本」「売りたいと思う本」をつくりつづけなければならない、ということだ。

◉書店からの注文に、迅速に、じゅうぶんに応じる体制を用意する。
◉ただし、あくまでも書店からの自主的な発注を待つ。自分からお願いしない。

ということは、たとえ本の存在をきちんと知らせることができても、書店にとって「売れない本」「売りたいと思わない本」には注文が発生しない。編集代表としてトランスビューの本のほとんどを制作してきた中嶋廣の本づくりこそが、「トランスビュー方式」を成立可能にしている。言い換えると、能力の高い編集者のいることが絶対条件になる。

かつてインタビューでこのことを訊ねると、工藤はこのように答えた。

「そのとおりです。中嶋がよい本をつくるから、ウチは成立している。ただ、この方法は編集者によい本をつくることを強いる、とも自負しています。どんなレベルの本をつくっても取次が一〇〇〇冊くらいは引き受けて、全国の書店に配ってくれる、という救済措置がウチにはありません。書店にとって売れる本、書店が売りたいと思う本をつくらなくてはやっていけない。これはつくり手の意識を変えます」

――でも、よい本だということに書店が気づかない、ということもある。

「可能性はありますが、ほぼない、と思っています。全国にいる書店員の誰ひとりとして気づいてくれないということはないだろう、と思うんです。誰かが気づいてくれたときに、それを他の書店にも知ってもらえるようにすることは大事ですが、『じゃあウチの店でも売ろう』というのは、やっぱりそれぞれの書店が判断することです。無理に押し込むことはしたくないし、それをやってしまっては意味がないと思うんです」

Y社で「本は売れない」というトラウマを抱えた僕にとって、工藤の話は一つひとつが新鮮だった。彼は、あの頃の僕が経験したいくつもの躓きを自らのアイデアで解決していたし、さらに考えもしなかったところまで進化させていた。

もとになっているのは、前職時代の経験だという。

中嶋と工藤が所属した法藏館の創業は、江戸幕府が誕生する直前の一六〇二年。日本に現存する出版社で最古といわれる、老舗中の老舗である。前述したように、こうした出版社は他社よりも有利な条件で取次と契約している。

日本大学在学中の一九九五年からアルバイトで働きはじめ、九八年に社員となった工藤は、自社の本が取次や書店にとって利益率が低いことに引っ掛かりを覚えていたという。

「本の価格によっては、何冊売っても取次や書店に利益が残らない。むしろ赤字になってしまうことさえあるわけです。自分の仕事は、じつは書店の役に立っていない、喜ばれていない、という思いが常にありました」

また、これは法藏館に限った話ではないが、前述した書店からの〝ふっかけ注文〟と、それを当然のように減数して送品することにも、疑問を覚えていた。

「森岡正博さんの『宗教なき時代を生きるために』（一九九六年）という本が売れていた時期に、ある書店の方から追加注文の電話があった。電話をとったのが私だったことはたんなる偶然ですが、その人はいきなり『おたくは減数するの？』と訊いてきたのです。私に決める権限はないのですが、とっさに『しません』と答えたら、『じゃあ、八冊』と言われた。減数するならふっかけた数を言うよ、という意味ですよね。このときの会話は、ずっと記憶に残っています」

「当時はもちろん、書店を回り、あれこれと言い方を工夫して注文してもらうといった営業もしていましたが、そうした腹の探りあい、化かしあいみたいな関係をイヤだなと思っていました。書店は売りたい数を注文し、出版社はすぐに応じる。売れたら互いにまっとうな利益を得る。そういう単純な関係に、なぜなれないのかな、と」

法藏館時代の経験をもとに生まれた「トランスビュー方式」の底にあるのは、書店の自主的な仕入れ、販売を最優先する、という姿勢だ。これは、そうした姿勢のない書店との関係をあきらめる、という厳しさも含まれる。魅力のない本をつくった場合に書店から見捨てられることを潔く受け入れる、という意味でもある。

僕はY社での経験を、さほど特異なものとは考えていない。程度の差はあっても、取次を中心とする流通システムのなかでやってきた日本の小出版社の典型的な事例としてあげたつもりだ。

もちろん、二〇年前と比べて変化したところもある。返品の抑制が業界全体の課題となるなか、「新刊委託のパターン配本」は、出版社も取次も減らす傾向にある。書店にPOSシステムが普及し、それぞれの本の販売数、在庫数も明確になってきたから、「訪店営業なら一日に一〇〇冊」などといったノルマをもとに書店に本を押し込むような営業も、ほとんど通用しなくなりつつある。

だが、この最新刊をA書店に何冊置いてもらうことが適切なのか、といった判断はいまでも難しい。置いてもらうためにどんな攻め方をすべきか、あの店では誰に気に入ってもらえばよいのか、一緒に酒でも飲んで仲良くなるべきか、売る気にさえなってくれれば数字も変わるはずなのに、でも返品は困る……小さな出版社の営業担当の悩みは、いまも根本的には変わらないはずである。

書店の自主的な発注を待つ「トランスビュー方式」は、多くの出版社に、現状を打開するヒントを投げかけている。トランスビューのようにやっていれば出版社の経営は好転する、安泰だ、という意味ではない。どんな流通・販売方法であろうと本の売れ行きや業績が芳しくないときはあるだろうし、その状態がつづけば会社は倒れるだろう。

ただ、曖昧で複雑な取引条件で成り立つ「取次ルート」を主流とする日本の出版業界において、トランスビューはシンプルでわかりやすい流通の方法を提示し、大きな流れに与《くみ》しなくても、小さな出版社が全国の書店に本を売ってもらうことは可能なのだと証明した。

真の革命とは、ラディカル(尖鋭的かつ根源的)なものである。これから出版社を始めようとする人にとっても、採り入れられることの多い方法なのではないか。

では、具体的にトランスビューはどのように本を書店に届けているのか? 欠点はないのか?「トランスビュー方式」は、最小規模の出版社を興そうとするすべての人にとって有効なのだろうか?

次章から、トランスビューの方法や現状を、より具体的に見てみよう。

取 引 覚 書

（以下甲と称す）と 株式会社トランスビュー（以下乙と称す）とは、乙が甲へ出版物を売り渡すにあたり下記の条件に合意しこの覚書を取り交わす。

第一条　乙はその販売する出版物を甲に継続的に売り渡し、甲はこれを買い受ける。
第二条　甲の買い受けた出版物は、第六条の返品条件に従いいつでも返品可能とする。
第三条　乙はその販売する出版物の内容（著作権を含む）、印刷、製本などについて責任を負い、甲は商品保管など販売についての責任を負う。
第四条　乙より甲への送品は、甲の注文品（銘柄・数量）に限る。
第五条　甲と乙は相互に緊密な提携を行い販売増強に努める。
第六条　甲と乙の取引条件は下記の通りとする。
①取引商品：乙の販売する出版物
②仕入掛率：70%（本体価格+税に対し）
③締日：初回納品分は「新刊委託」とし、甲が商品を受領した 3 ヶ月後月末とする。
追加発注分は、毎月末日とする（長期委託・フェアなど特別な拡販の場合は別途協議の上定める）。
④納品：乙の責任で甲の指定する場所へ、納品書を添付し搬入する。（送料は乙の負担）
⑤返品：甲の責任で乙の指定する場所へ、返品書を添付し返品する。（送料は甲の負担）
⑥返品条件：
取引商品は、個別の契約がないかぎり、随時全て返品可能とする。その代金は乙が返品を受領した月の請求より相殺することを原則とする。ただし、「新刊委託」期間中の商品の返品は、その締日の請求より相殺する。また、売掛金からの相殺が不能の場合は、甲の申し出により、乙はその金額を速やかに返金（送金手数料は甲の負担）する。
⑦支払：
返品を差し引き乙が請求書を作成し甲に送付し、締日の翌月末日までに支払う。送金手数料は、乙の負担とする。ただしこの場合、乙はその支払機関と方法を指定することができる。
[支払金融機関]

(金融機関名)	(口座番号)	(口座名義)
三菱東京ＵＦＪ銀行大伝馬町支店	[普通]2096076	株式会社トランスビュー
郵便振替口座	00150-3-41127	株式会社トランスビュー

第七条　本覚書に記載の無い事項については、甲乙協議のうえ定めるものとする。

以上、上記の内容を確認するために本書を作成し、甲がその正本を乙がその写しを保有する。

平成　　年　月　　日

（甲）

（乙）東京都中央区日本橋浜町 2-10-1-2F
株式会社トランスビュー
代表取締役　工藤秀之

取引商品、取引条件確認書

文書中＿＿＿＿＿＿＿＿＿＿＿＿＿を甲、 株式会社トランスビューを乙と記す。

第1条　取引商品
商品：甲が乙に発注し、乙が売り渡すことを承諾した全ての商品

第2条　甲と乙の取引条件は以下の通りとする
1　価格：商品に表示された価格の70%。
2　納品：乙の責任で甲の指定する場所へ、納品書を添付し搬入する。（送料は乙の負担）
3　返品：甲の責任で乙の指定する場所へ、返品書を添付し返品する。（送料は甲の負担）
商品は随時返品可能とするが、乙が行うカバーの交換などの補修により再出荷できる状態に復元できない商品の返品は拒否することができる。
4　請求：納品と返品は、毎年1月1日～6月30日、7月1日～12月31日を計算期間として集計し、乙より甲へ集計期間最終日の翌月20日までに請求書を発行する。
5　伝票上での返品と納品：甲が希望し、乙が承諾した場合は商品を移動させずに伝票上の処理で返品を受け付ける。この場合、④の集計期間の最終日で返品伝票を起票し、同一内容の納品書を翌集計期間の初日で起票する。
6　返品の特例：⑤による伝票上の返品を乙が拒否した時は、甲は乙の送料負担により返品を可能とする。
7　支払：甲は請求書の受領日の月末までに乙に記載の金額を支払う。なお送金方法は乙が、銀行振込・郵便振替・クレジットカード支払い（paypalなどの間接的な送金サービスの利用を含む）から指定し、指定の方法により送金する場合は手数料を乙が負担する。

第3条　本確認書に記載の無い事項については、甲乙協議のうえ定めるものとする。

平成　　年　　月　　日

（甲）

（乙）
東京都中央区日本橋浜町2-10-1
株式会社トランスビュー
代表取締役　工藤秀之

＊ご確認いただきましたら、ＦＡＸにてご返信ください。

第四章
実務とコスト

「誰にでもできる」を実際に見る

出版業界には、「トランスビュー方式」は普通の出版社と比べて作業が煩雑なのだろう、有能な人が手がけているから可能なのだろう、と想像する人が多い。「あそこが模範だと言わんばかりの書き方をするな」と忠告されたことも、過去に何度かある。「彼だからできるんだ、他の奴がやっても上手くいかないぞ」と。

これについて、当の工藤秀之は「誰にでもできます。突出した能力なんて必要ありません」と言い続けている。

実際のところはどうなのか？

トランスビューの日常の業務を見てみよう。

ただし、本書では同社の本づくりを担ってきた中嶋廣の編集業務には触れず、工藤が担当する流通・販売面のみに話題を絞る。理由は二つあって、ひとつは、本書の目的があくまでも「書店との直取引」「トランスビュー方式」を知ることにあるから。もうひとつは、この取材を始めた時点で中嶋は病を得て長期の休職に入っており、そのまま復帰することなく二〇一五年五月にトランスビューを離れたからである。二〇一六年四月現在、トランスビューは、工藤と、受注・発送業務を補佐する常勤アルバイト一名、週に一〜二日出社するアルバイト一名の体制で運営している。

トランスビューの事務所は、東京都中央区日本橋浜町二丁目にある。最寄り駅は、新宿駅から都営新宿線で九駅・一七分の「浜町」駅など。同駅からは徒歩三分ほどの六階建て賃貸オフィスビル「日伸ビル」の二階に入居しており、一階はコンビニエンスストアのファミリーマートである。

タイムカードはないが、工藤は多くの会社勤務の人と同じように、朝に出社し、夕方から夜に退社する。対外的な営業時間は午前十時から午後六時だが、朝七時半には出ていることもあるし、深夜まで会社にいることもある。土曜、日曜に働いていることもある。

近年のトランスビューの書籍は、初版が二〇〇〇部ほどであることが多かったという。新しい本ができると、契約している倉庫会社の京葉流通倉庫(埼玉・戸田)におよそ半分を預け、残りをトランスビューの事務所と、二〇一五年から新たに契約したサンブック社(埼玉・越谷)の倉庫で保管している。

事務所内の在庫置場は約一〇坪。ここには約三万冊がある。会社所在地は創業から変わっていないが、スペースは当初より広がっている。なお、入居する日伸ビルは二〇一六年秋に取り壊しが決まっており、トランスビューは同年六月に事務所の引っ越しをする予定である。

月〜金曜日は、書店からの注文に応じて本を発送することが流通・販売の基幹業務となる。書店の発注方法は、ほとんどがＦＡＸで、客注など単発の発注は電話が多い。メールによる発注はわずかだという。

当日のうちに発送するのは、午後六時までに受注した分だ。このうち午後四時までの受注分は、いくつかの例外を除き、京葉流通倉庫から発送する。例外とは、一冊だけの注文などをヤマト運輸の「ネコポス」（二〇一五年四月から「クロネコメール便」に代わり始まった、ポスト投函型の小口配送サービス）を使って発送する荷物と、書店側が支払い用の郵便振替用紙や、書店側で指定した納品書を同封することを求めているケースである。それらは倉庫会社に作業を依頼するより、事務所で処理したほうが効率的で安いからだ。

午後四時から六時の受注分は、事務所で梱包し、集荷に来る各宅配業者を利用して発送する。午後六時以降の受注は原則として翌営業日扱いだが、午後六時半から七時頃、宅配業者が荷物の有無を尋ねに顔を出すことも多いので、これに間に合うものはその日のうちに発送する。いま利用している宅配業者は、大手三社のヤマト運輸、日本郵便、佐川急便と、該当地域を限定しての格安配送を売りにしたエコ配の四社である。

受注から発送までの作業手順を説明しよう。

ＦＡＸ、電話、メールで書店から注文があると、まずは自社製の「注文票」に、書店名、注文内容（タイトルと冊数）、書店からの要望（「納品書に『〇〇』と番号を記入してほしい」「担当者〇〇宛としてほしい」等など）を記入する。

つづいて、パソコンにある「取引先リスト」を開き、同じように注文内容などを入力する。このリストを管理するために使用しているソフトは、出版関連企業をクライアントにしているシステム会社、光和コンピューターの子会社が発売しているもので、多くの出版社で使用されている。トランスビューがこのソフトを導入したのは二〇〇三年であるが、発売前の実験モニターとなることを引き受けたため、ソフト導入の費用はかかっていない。それまでは、市販の販売管理ソフト「弥生」を使っていたという。

「取引先リスト」の左の縦列には、全国各書店の名前が並んでいる。横列の最上段に並ぶのは、「店名」「住所」「担当者名」といった基本項目のほか、書店への請求締切日、振込人の名義、取引開始時期、納品書の作成にあたって書店側が指定している注意事項、さらに備考（たとえば支払いの滞りがちな書店はそれを示すメモ）などを記載する欄がある。

リストに載っている書店名は年月を経るごとに増え、二〇一五年末現在で二二三二店舗。これは第三章で記した「取引覚書」を交わした書店の数であり、単発的に受注した書店は含まれない。リストの追加や削除は、さほど厳格に管理しているわけではなく、はじめての受注をきっかけに加える、閉店の報せを受ければ外す、といった程度の更新の仕方だという。したがって、新たにオープンした書店を知らずにいたり、廃業した店なのに残したままになっているといった可能性も、ゼロではない。なお、単発的に受注した書店も、

「取引先リスト」とは別に記録だけは残している。

「取引先リスト」に受注内容を入力すると自社製の納品書が自動作成される仕組みになっている。午後四時までは、この納品書のPDFデータを、京葉流通倉庫へメールで送る。

京葉流通倉庫は埼玉、千葉、栃木に七つの営業所をかまえており、トランスビューの在庫は、出版社五五社の書籍を中心に扱う戸田ロジスティクスセンターに保管されている。

京葉流通倉庫では、トランスビューから納品書のPDFをメールで受信すると、これと合わせて、荷造りや梱包を行うスタッフが作業を共有するための「直販出荷分品揃表」と題された専用紙もプリントする。用紙の上部に「出版社　トランスビュー」「直送先　〇〇（書店名、住所）」、その下の表には発送する本のタイトルと部数が記されていて、さらに右上には「ピッカーサイン」「検品サイン」と書かれた二つの囲みがある。タイトル別に保管されたトランスビューの在庫の山から該当する本をピッキングする人、段ボール箱に本と納品書を収めて梱包する人が、それぞれの作業を完了したときにチェックを入れるためだ。「直販出荷分」という名称は、在庫を預かる他の出版社の本の配送先が基本的に取次各社であるのに対し、トランスビューの配送先が書店であることを示している。

梱包された箱は、すべて当日のうちに各宅配業者のトラックに乗せられ、各書店へ輸送される。集荷のトラックが同センターへ来るのは、毎日の午後六時ごろまでだ。京葉流通倉庫にとっての締切りである午後四時から二時間しかないが、いまのところトランスビューの在庫の出荷は平均して一日に十数個と少ないために、無理なく処理できている。前述した例外や午後四時以降の受注分は、トランスビューの事務所からの出荷である。

ある日、荷造りの工程を見る機会があった。

午後六時半、山陰地方のある書店から電話が入った。受けたのは、このときは一人で社に残っていた工藤である。

注文を聞き、有難うございました、と電話を切る。原則ではすでに翌日扱いとなる時刻だが、まもなく宅配業者が最後の集荷のうかがいに来るので、今日のうちに送ってしまうことにする。

注文は、五タイトルで計七冊。前述した手順で「取引先リスト」に情報を打ち込み、まずは「納品書」を印刷する。つづいて、段ボール箱に貼りつける宅配業者指定の「送り状」も、業者提供の送り状簡易作成サービスを利用し、納品書作成のために入力した送り先や住所などをコピーし、所定の欄にペーストして印刷する。印刷されたA4サイズの「納品書」がプリンターから排出されると、工藤はその紙を大きなハサミで半分に切りわけた。いっぽうは荷物に同封する「納品書(A)」、もういっぽうは「納品受領書(B)」である。

納品書と送り状を手に、工藤は隣室の在庫保管スペースへ移る。受注した計七冊の本を棚から拾ってくると、今度は部屋の隅に積み上げられた、折り畳んだ状態の段ボール箱の山の前へ移動する。段ボール箱は、トランスビューの社名とロゴが入った特注サイズのもので、大（タテ四四五×ヨコ三四五×高さ二三五ミリ）、中（三五〇×二二五×二五〇ミリ）、小（二二五×一七五×二七〇ミリ）、特小（二二五×一七五×一二五ミリ）の四種類がある。それぞれの一個当たりの費用は、大＝一〇〇円、中＝七〇円、小＝四二円、特小＝三九円。京葉流通倉庫からの発送も、同じものを使っている。

このときは「小」を選んだ。七冊の本と納品書をおさめ、隙間に梱包材をつめ、フタを閉じ、透明のPP（ポリプロピレン）テープで封をし、送り状を貼りつけて完成である。

電話を切ってから荷造りを終えるまで、約四分であった。脇目もふらず全速力で、という感じではない。僕に説明をするために、時どき手をとめながら要した時間だ。

事務所でこの作業をする回数は日によって異なり、数件の日も数十件の日もある。「午後六時までの受注分は当日に発送」の原則を破ったことはなく、『14歳からの哲学』がヒットしていた時期など過去に二度、一日に一八〇個余りを発送したことがある。工藤は休日にひとりで「一日に最高で何個の荷造りができるか」を検証する〝トレーニング〟をすることもあり、いまのところその限界が同じく一八〇個であるという。

一連の作業をこなすための道具は、どんなものを使っているのか。

パソコンはDELL製のものが三台、プリンターはキヤノンの「PIXUS　iP2700」というA4サイズまで対応のものが二台。いずれも、とくに性能などにこだわって選んだわけではなく、価格が安かった、机に並べて置けるサイズだった、という程度の理由だという。「納品書」も、コンビニでも買える普通紙に印刷している。梱包材は、印刷・製本所から届く本を覆っている茶色の包装紙をとっておいて、その場でクシャッと丸めている。つまり、使用する道具に際立った特徴はない。

ただし、細かな工夫は随所に見られる。

たとえば段ボール箱は、注文のなかで多いパターンなどから工藤が考案したサイズ設定となっている。また、いまではとくに珍しい細工とはいえないが、箱の「高さ」にあたる面には折り目が二線はいっている。そのつど異なる中身（本）の形状になるべく近づけ、梱包材を押し込む手間が軽減されるよう、高さを調整しやすい作りになっているのだ。サイズをコンパクトにすることで宅配料金を安くできるというメリットもある。

封をするのにＰＰテープを使うのは、「もっとも重ね貼りをしやすいから」。梱包を終えた後、なんらかの理由で荷物を造り直す必要が生じることもある。このときは、テープをはがすのではなく蓋の合わせ目部分にカッターを入れて開ける。「ＰＰだと、カッターを入れるときもラクで、きれいに切れるんです」。再度閉じるときには、はじめに貼ったテープの上に重ねて貼る。箱をなるべく汚損せずに再梱包ができる。

「納品書」と「納品受領書」を一枚の紙にまとめて印刷し、これを半分に切り分けるときに使うハサミにもこだわりがある。サンスター文具社製で、刃の部分が二三センチ、全体が三五センチとけっこう大きなものだ。小さなハサミでチョキチョキチョキ……と切るか、チョキン！と一発で切るか。ささいな違いではあるが、工藤の四分間の作業を見ていると、ルーティンワークはリズムが大事であるとわかる。

いま使用しているプリンターはまとめ買いしており、事務所の隅に箱に入れたまままいくつも積み上げている。故障時の修理の手間などを考えると、このほうが作業のとまるリスクを減らせるし、結局はコストも抑えられる、と判断しているという。

日常作業のなかに工夫を盛り込むのは、工藤が好きで、得意としていることだ。使っている道具はどれも特殊なものではなく、作業の様子も、誰ひとりやっていそうにないというほどのことは見当たらない。ただ、工程の一つひとつを検討して効率的な方法を選択し、それらをつなぎ合わせた結果が、オリジナルの作業を生んでいる。

事務所は、整理整頓が行き届いている、いつもきれいに片づけられている、という印象はない。むしろ、いつ訪れてもやや雑然としており、オフィスというよりは年季の入った町工場を思わせる。荷造りのための道具はテーブルの上に出しっぱなしで、いつでも作業に取りかかれる状態になっている。

さらにつけ加えれば、こうした一連の工程は、けっして非の打ちどころのないものというわけではない。

たとえば「納品書（A）」と一緒にプリントしている「納品受領書（B）」は、実際には「チョキン！」のあと、捨てているのだ。「（B）」は、荷物を受け取ったことを確認するために書店からトランスビューへ返送してもらうためのもので、当初は返信用の封筒付きで箱に同封していたが、いまは宅配業者に着荷の記録を確認できるようになっていることもあり、このやり取りは省略している。工藤は「ハサミで切ることじたい、じつは無駄な作業ということですね。改善したほうがいいなと思いながら、そのままになってしまっています」と話す。

不安な点もある。「書店から注文を受け、パソコンの『取引先リスト』に内容を入力する」という、いちばん最初の作業だ。この入力は、工藤かアルバイトスタッフが手作業で行っており、ミスが発生する可能性はある、と考えるほうが自然だ。事実、「頼んだはずの本が届かない」という苦情が書店から寄せられることもある。いまのところ目立った欠陥といえるほどの頻度で発生したことはないが、事務作業が苦手な人、注意力の散漫な人をこの作業につけると、やがて書店の信用を損なう恐れがある。

もっとも、現場監督が作業員の後ろで常に目を光らせている大きな工場のような管理体制でも敷かない限り、こうした問題を解決するのは容易ではない。書店からの注文を自動的にコンピュータで処理したり、書店が売場の本を販売すると自動的に取次へ発注がおこなわれるといったシステムはすでにあるが、それには導入コストに見合うだけの売上げが必要となる。

「トランスビュー方式」を支える作業現場は、効率的ではあるが、細部を見れば完璧というわけではない、という印象を受けた。そもそも完璧はありえず、課題は必ず生じるものだともいえる。そのチェックと可能な改善を怠らず、行き届かない部分は重大な問題とならないレベルにとどめておくことが大事なのだろう。

書店の自主的な発注を待つ

もちろん、工藤の仕事は受注と発送だけではない。それらの作業はアルバイトに任せていることも多い。

重要な仕事のひとつは、書店向けの案内チラシの制作、インターネット上での告知や新聞への広告掲載などをつうじて、自社の本の存在を書店や対象読者に知らせることだ。PRするのは最新刊だけではない。すでに刊行から年月の経った本であっても、最新刊とテーマが関連している、なにかのきっかけで注目が集まるなど、再浮上の機会はある。

ほかにも、書店でのフェア展開についての打ち合わせ、イベントに出展して自社の本の即売、著者の講演会の会場にでかけて出張販売をすることもある。夜には業界の関係者と会って情報交換もする。これらを含めると、工藤の仕事は、ほかの出版社の営業・宣伝担当などと同じところも多い。編集以外のあらゆる業務を担っているため、経理の作業に時間を割く時期もある。

同業者たちとの大きな違いのひとつは、書店回りの営業を日常業務に組み込んでいないことだが、これも、一人、二人といった最少単位で運営している出版社の多くは同じである。ただ、前章でも触れたように、トランスビューの場合は「本当は回りたいのだが、人手不足で回れない」のではない。書店へ出かけ、書店関係者と話す機会はあっても、それらを注文取りの場にはしない、と決めているのだ。

ここでちょっと足をとめて、「あくまでも書店の自主的な発注を待つ」という工藤の基本姿勢について考えてみたい。

書店の自主的な発注を待つ理由を、工藤は次のように説明する。

トランスビューの本を自ら望んで仕入れ、一〇冊売ってくれるA書店があり、同地域にトランスビューの本をいっさい置かないB書店があったとする。

B書店に、A書店で売れていますから仕入れてみませんかと声をかけて、もし「では売ってみよう」とB書店が販売を始め、仮りに五冊を売るようになったら、多くの場合、A書店でのトランスビューの本の販売数は落ちる。もともと自社の本に目をかけてくれたA書店の業績ダウンに加担することになる。

ただし、単純なパイの奪い合いにならないケースもある。B書店が、「A書店で売れているから」「出版社に勧められたから」ではなく、能動的に情報を得て、仕入れよう、売ろう、と考えた場合だ。これによって発生する二書店の競争を制止する権利は出版社にないし、書店の自発的な熱意が発端になっていれば、その地域で一〇冊にとどまっていた販売部数が押し上げられていく可能性もある。

売ってくれるA書店の存在がありながらB書店にも販売を要請することは、書店の品揃えの均質化と返品の増加に繋がる危険性がある。もちろん、AもBもトランスビューの本を置いていない、その地域にはトランスビューの本を置いている書店がない、というケースも起こり得るが、空白地帯を埋めなくてはならないと考えるよりは、販売を「頼む」ことで発生するマイナス面を重視する――これが、彼の考え方である。

賛否のわかれるところではあるだろう。

業界全体の流れとしては、書店回りを日課としている出版営業担当の数は減少傾向にあるようだ。たしかに、毎月、一人当たりの交通費だけでも最低で数万円、出張を絡めればそれ以上の金額が出ていくことになる。こうしたコストに対して成果が低いと判断する出版社が増えつつあるのは明らかで、「書店回りの営業」という職種は、いまやそれじたいが存在意義を問われている。

あるビジネス書系出版社の人は「いまは一タイトルごとに売上げ目標を設定し、その枠内で営業・宣伝予算を組むことがほとんど。営業もその計画のなかで動くから、書店員と出版営業のあいだで『やりましょう！』と話が盛り上がることは少なくなった。すこし寂しい気もするが、現実としては効率的だろう」と話す。いっぽう、全体がこうした傾向にあるからこそ、あえて積極的に書店回りをし、書店員と直接むき合って話すことで自社の本を理解してもらい、できれば売場の目立つ場所に積んでもらう、という営業もいる。

出版社が刊行する本のジャンルによっても、考え方はわかれるだろう。

たとえば自己啓発的な読み物が主流のビジネス書系出版社であれば、売れそうな本は大々的な宣伝などで仕掛けを打つ、見込みの低い本はなるべく早く採算分岐点を超えるようにするか、早めに諦めて次の本に力を入れる、といった展開が多くなる。このジャンルに代表される、「短期間で売りきる」「大部数の販売を前提にする」といったタイプの本は、書店の自主的な発注を待つよりも、出版社自身が〝売りどき〟を絞って送品を集中し、書店を「本を消費する場」として巻き込んでいくほうが現実的である。

また、語学書、医学書といった、より専門性の高い分野の出版社の人からも、営業が書店へ出向き、棚を前にして説明することの重要性を聞いたことがある。先行する老舗出版社の定番の本が書店の棚を占拠していることが多く、その分野に詳しい店長、スタッフのいない書店も多いので、案内チラシだけでは最新刊の特長が伝わらないからだ。

ジャンルを問わず、数百円から一〇〇〇円程度といった低価格の本も、やはり出版社主導で意図的に売上げをつくっていく傾向がある。一冊の売上げがもたらす利益が少なく、多くの部数を売らないと採算がとれないから、いかにこれを達成するかを前提に販売・宣伝戦略を考えるのである。

いっぽう、トランスビューがおもに刊行する人文・社会科学分野は、発行部数こそ少ないが、本のジャンルのなかでも〝権威〟がある。この分野の本が好きで本屋になった店長や書店員は多いし、書店員が（さらには読者が）「自ら思考し、判断する」ことはこのジャンルにおいてはより尊重される。工藤の基本姿勢は、トランスビューが刊行してきた本に合った発想ともいえるだろう。

また、トランスビューの本の価格は二〇〇〇円台から三〇〇〇円台、ときにはそれ以上であることが多く、書店に並ぶ書籍のなかでは高額の部類に入る。一部当たりの収益が比較的高いことも、「書店からの自主的な注文を待つ」という戦略を支えるポイントのひとつといえる。なお、同社のベストセラー『14歳からの哲学』は、本体価格一二〇〇円と同社の本ではもっとも安く、これは初版一万部と発売時から強気に出ている。

「書店の自主的な発注を待つ」という工藤の姿勢は、「トランスビュー方式」の根幹を表す重要なポイントである。だが、書店回りの営業をするか否かについての正解は、出版社によって異なるのではないか。

もちろん、Y社時代の僕のように、受注数のノルマを抱えて書店に押し込むような営業は論外だ。返品を増やすばかりだし、もはや書店はそういう営業を受け入れないだろう。

ほかに直取引の出版社に特有の作業としては、期限を過ぎても支払いをしない書店に対する督促もある。

この売掛金の回収について、工藤は「いずれ経営に響くかもしれないと思うほどの件数にのぼったことがなく、正直にいうとあまり気にしていない」と話す。

「覚書」を交わし、定期的な取引をしている書店については、販売構成比率の多数を占める各大手書店チェーンはすべて円滑。中・小規模の書店も、いつも支払いが遅れる、ルーズである、と工藤が認識している書店は一〇店に満たないという。

単発で受注し、「覚書」を交わさずに送品した書店から発生した未回収分は、たとえば二〇一五年十月末の支払期限のものが、二件・九一四八円。同年十一月末は、十一件・三万四七七六円。十一月は普段と比べてかなり多い月だったが、それでも同月の売上高の〇・四パーセントだったという。ゼロであるのに越したことはないが、たしかに少ない。

支払期限を半月過ぎたらFAXか郵便で督促をし、なお反応がなければ電話をかけることを原則にしているが、それまでの取引の状況から、相手がうっかりしているだけなのか、かなりルーズなのか、経営的に逼迫していて払えないのかは、ほぼ察知できている。そうした相手の事情も見越したうえでの対応となる。ほとんどはたまたま忘れているだけなので、一度の連絡で用は足りるという。

あまりに不誠実な未払いが続き、いっさいの注文に応じないことにした書店は、工藤が覚えている限りでは通算で二店。驚くほどの少なさである。業種によっては督促と回収が日常業務のひとつとなるほど大きいと聞くが、なぜトランスビューには未回収問題が生じないのか？

書店業界が他業種よりも健全な支払いを常識としている経営者の集まりなのかというと、それはありえない。

取次に対して未払い分を抱えたまま、何年、何十年と営業している書店はたくさんある。これは、高度経済成長期やバブル期を中心に、取次同士が市場のシェア争いをするうえで書店の出店障壁を低くし、出店時の初期在庫の支払いの延長や既存店の未払いに目をつぶるなどの措置をあちこちでおこなってきた負の遺産が、いまに引き継がれているためでもある。取次が長年にわたって頭を抱え続けている問題のひとつだ。

トランスビューにこうした問題がない理由のひとつは、書店にとって支払金額の少ない小口取引であるために負担が軽いこと。もうひとつは、やはり「トランスビュー方式」がもたらす効果なのだ、ということになるだろう。書店は取引条件などのルールに納得し、自ら選んだ本を発注する。トランスビューは、要望どおりの冊数を、即日に配送する。このシンプルで誠実な関係が、最後の支払いまでを円滑にするのだと考えられる。

輸送コストと返品率

直取引の出版社にとっては、本を書店へ送る費用の管理も最重要ポイントのひとつである。トランスビューでは、さきに挙げた四つの各宅配業者を使い分けている。

それぞれの料金や特徴は、次のとおりである。ただし、料金はいずれも二〇一六年三月時点のもので、全体に流動的だという。交渉によってトランスビューに特有の価格になっている場合もあるし、今後、さらに下がることも、先方の要請で上がることもあるかもしれない。

◉ヤマト運輸「ネコポス」＝一七〇円（荷物一個の価格。以下同）。全国同一料金のうえにもっとも安価だが、厚さ二・五センチ×タテ三一・二センチ×ヨコ二二・八センチ以内と形状に制限がある。基本的には一冊のみの発注に対応するときに使う。

◉エコ配＝三一〇円。やはり安価だが、荷物の大きさは八〇サイズ（タテ×ヨコ×高さの三辺の合計が八〇センチ）まで、配送地域は、埼玉県、千葉県、神奈川県、大阪府の全域と、東京都のほぼ全域（島嶼部は対象外）、奈良県のほぼ全域（吉野郡を除く）、名古屋市全域、京都市を含む京都府の六市・二町（一部地域を除く）、神戸市を含む兵庫県の七市（同）に限定しているのが特徴のため、これに該当する荷物、地域が対象となる。
◉日本郵便「ゆうパック」＝四三〇円（全国同一）。京葉流通倉庫からの出荷にはこれを利用。
◉佐川急便＝最小サイズで三四〇円、沖縄が一七〇〇〜一八〇〇円など、料金はサイズや配送地域によって異なる。エコ配で対応できない荷物や地域への配送に利用する。

二〇一五年十二月の一カ月間を例にとると、同月に発送した段ボール箱の数は、「大」「中」「小」「極小」の四サイズ合計で六三四個。ヤマト運輸「ネコポス」用の封筒は、七八〇個を使用した。四社に支払った料金の概算は、次のとおりである。

ヤマト運輸「ネコポス」＝一四万三二〇〇円（書店以外への発送を含む）
エコ配　＝六万〇七〇〇円
佐川急便　＝六万二四〇〇円
日本郵便　＝一六万八七〇〇円
合計　＝四三万五〇〇〇円

この二〇一五年十二月は、合計で一万一三三九冊、二一二九万七一七八円ぶんを書店に納品している（平均六八パーセントの卸し価格で計算、取次への納品分を含む）。納品額に対して、約二パーセントの送料がかかったことになる。

この月が、わりと効率的であったことは付け加えておく必要がある。次章で触れるが、トランスビューは二〇一三年から他の出版社の「取引代行」を請け負っており、送料と納品金額は、それらの出版社の本の発送分を合わせたものだ。二〇一五年十二月は、「取引代行」分の新刊が通常より多く、さらに同じ日に一書店から各社の本の注文が入り、ひとつの箱に混載して発送できるパターンも多かったために、納品額が高くなったうえに送料も割安となった。

勘案すると、送料は納品額の二〜三パーセントを占めるといえそうだ。もっとも、本の価格と受注冊数、各宅配業者と取り決めた料金の変動などによっても変わるため、ひとつの目安と見るべきである。

各宅配業者との交渉において工藤が重視してきたのは、価格を下げること以上に、「全国同一料金」にすることだったという。二〇一五年にサービスが廃止されたヤマト運輸の「クロネコメール便」は一〇年以上前から積極的に利用してきたし、日本郵便の料金は、いまは宅配便事業を日本郵便と統合している日本通運に依頼していたころの取り決めを維持している。同一にしたほうが費用の計算がしやすいこともあるが、最大の理由は「書店への配送にあたって地域差を意識したくない」からだという。

根底に、「すべての書店に満数出荷、即日出荷」の基本方針がある。毎日、各地の書店からの注文に対応するなかで、「遠くの書店へ送るほどカネがかかる」というコスト構造になっていると、遠方の書店への配送に負担を感じるようになってしまう。だが、書店が本を注文し、売ってくれることの価値に地域差はない。

そこで、東京都内でも北海道の最北端や沖縄の離島でも同じコストにすることを、まずは自らに課した。かといって、料金を最低価格で揃えようと交渉したら宅配業者に赤字を強いることになってしまうから、中間をとるような価格を模索した。たとえば日本郵便の四三〇円という料金は、遠隔地に送るうえでは割安だが、都内など近隣に送る価格としてはやや割高ということになる。

すべての地域の書店からの注文を、純粋な意味で同等に扱う。現実の輸送距離があるから荷物が到着するまでの所要時間を同じにはできないが（着荷日は、発送の翌日から四日後まで）、すくなくとも発送までの扱いは同じにする——これは、取次ができていないことのひとつだ。

取次の流通では、配送ルートを組むうえで非効率になる「一冊だけ」「その地域でその本を注文したのは一書店だけ」といった注文分の発送は後回し、という事態がよく発生する。たとえばトラックがそのルートを巡回することが〝仕事〟になるだけの荷物が集まってから、はじめて稼働するのである。これは、なにも人里離れた山奥の書店だけが後回しにされるといった話ではなく、それこそ政令指定都市にある書店でも、注文から着荷まで何週間も待たされるといったことは起きている。長年にわたって議論されながら解決に至らない、よく書店を怒らせている問題のひとつだ。近年は、「一日でも早く送ってほしい」という要望に応える「特急便」のようなサービスも用意しているが、これは別途、配送料を徴収する。

もちろん取次は、この問題を軽視しているわけではない。一歩ずつだが改善を図ってきたし、かつてと比べて、とくに「一冊だけ」の注文となる客注の着荷が早くなったという声は多い。それでも本の種類や配送ルートによって格差が生じてしまうのは、「一件」や「一冊」ではなく、「まとまった物量を引き受け、さばく」ことで利益を出す経営構造を変えられないためだろう。

書店の営業地域や注文冊数によって扱いに差をつけない——取次が何十年も課題としていることを、小規模とはいえトランスビューが解決しているのは重要な事実だ。

ただ、そのウラで「じつは一冊の注文に応じている限り、ウチは大赤字です。書店のために我慢していています」ということはないのか。トランスビューが書店からの「一冊だけの注文」に対応すると、利益はいくら残るのか？

ある書店から、同社が二〇〇五年に刊行した『宗教の教科書12週』の注文が一冊はいり、支払いは郵便振替を希望したとする。

直接の経費は、次の四つが挙げられる。

●送料(厚さ二・五センチ以下のためヤマト運輸「ネコポス」を利用)＝一七〇円
●透明ビニール封筒とエアパッキン＝二〇円
●同封する納品書の制作代(紙代、プリント代)＝二円
●郵便振替用紙＝一三〇円
合計＝三二二円

※それぞれの費用は二〇一六年三月時点のもの。間接的にはコピーリース代(六年リースで一万四五八三円／月)などもかかる。

『宗教の教科書12週』の本体価格は一八〇〇円。条件を七掛けとすれば、トランスビューから書店への卸し価格は一二八〇円。送品にかかる直接の経費だけでなく、本の編集・制作費も差し引く必要はあるだろう。同社のそれは著者印税を含め定価の二五パーセントが基準とのことなので、ここでは一八〇〇×〇・二五＝四五〇円とする。

すると、一二八〇－四五〇－三二二＝五〇八円が、きわめて単純に計算した、トランスビューに残る利益金額である。このなかで、家賃や人件費などをまかない、最終利益も残していかなくてはならない。ちなみに、これまでもっとも多くの注文を受けてきた同社のベストセラー『14歳からの哲学』の本体価格は一二〇〇円。同じ計算をすると、残る利益金額は二一八円である。

「一冊を送るという行為じたいは赤字ではありませんが、この一冊ずつの受注と発送の積み重ねだけで会社が成り立つかといえば、まず無理です」

工藤はそう話したあと、乱暴な言い方をすれば、これはウチの姿勢をお伝えするための広告宣伝費なのかもしれません、と付け加えた。

書店が「売りたい」、あるいは読者が「読みたい」と要望した一冊の注文。そのすべてを等しく価値あるものと受けとめて最善の対応をする、荷物が集まるまで配送を遅らせたり、特別料金をとったりしない――これを書店と読者に知ってもらうことは出版社としてのアピールになる、というわけだ。

「広告宣伝費」と呼ぶ理由はもうひとつある。じつはトランスビューが書店との直取引で卸す注文のうち、こうした事実上の「客注」が占める割合は、金額ベースで売上げ全体の四パーセントしかない。多くの注文は、タイトルや冊数が複数にわたるのである。そして客注は、その本を欲しいという意思をはっきりさせている人が、すでに存在する。客注ではなく書店が棚に並べておこうと発注したケースでも、返品する場合の送料は自分持ちなので、これを売らずに返品すると送料分の赤字となってしまう。「一冊」の注文が返品されることは、とても少ないのである。

ここで、前章でも話題にした返品率に注目したい。

二〇〇一年の創業から二〇一五年度までのトランスビューの累計返品率（金額。以下同）は一三・一パーセント。各年で見るとバラつきがあり、もっとも高かったのは二〇〇九年度の三〇・三パーセント、もっとも低かったのは創業年度の一・〇パーセントである。直近三年間は一二〜一七パーセント台で推移している。ここでは、最近の同社の平均返品率を一五パーセントとする。

出版科学研究所がまとめる推計によると、現在の取次ルートの書籍返品率（金額）は、三〇パーセント台後半から四〇パーセント台前半で推移している。数千の出版社から年間で合計七万点を超える新刊を引き受け、既刊も合わせればその数倍の本を扱った合計の数値ではあるが、この平均四〇パーセントという数値は、多くの出版社の返品率とも符合するようだ。トランスビューは、その三分の一近い低返品率で推移していることになる。

Y社時代の僕は、社長から「返品率を五割以下にしろ」と繰り返し言われてきた（つまり、実際はこれを上回ることもよくあった）。仮に五〇〇〇万円の実収入を得るとしたら、一〇〇〇〇万円分の送品をし、五〇〇〇万円分の返品が来ることになる。トランスビューは、同じ五〇〇〇万円の実収入を得るために、六〇〇〇万円に満たない送品をし、九〇〇万円に満たない返品を受けてきたことになる。こうして比較するとバカみたいに当たり前の話になるが、モノの行き来の無駄がなければ、輸送や陳列によって生じる本の傷みを修復する改装作業、カバーやオビの交換、在庫の保管料など、関連するコストも下がる。

もっとも、トランスビューの低返品率を支えているのは書店との直取引であるから、そのためにかかる経費を上乗せして考えることが必要だ。先に記した送料や、発送に必要な段ボール箱をはじめとする資材費などがこれに当たる。工藤の計算では、「取次経由であればかからない費用」は、商品販売額(定価で換算した売上げ)に対して、およそ六パーセントになるという。単純計算にはなるが、多くの書店へ卸すときの掛け率である六・八掛け(六八パーセント)から、この六パーセントを引いて「六二パーセント」とすると、トランスビューと取次ルートの出版社の収入を比較できることになる。

このうえで再度、両者を比べてみる。

「取次ルートを利用し、取次への出し正味は七掛け(出版社のなかでは有利な条件となるが、ここでは単純化する)、返品率は業界平均の四〇パーセント(実売率六〇パーセント)」の出版社Aと、「直取引で実質六・二掛け、返品率は一五パーセント(実売率八五パーセント)」のトランスビューが、ともに商品販売額で一〇〇〇万円の送品をおこなったとする。

A社の収入
一〇〇〇万円×〇・七×〇・六　　＝四二〇万円
トランスビューの収入
一〇〇〇万円×〇・六二×〇・八五＝五二七万円

約一〇〇万円の差を「莫大である」と捉えるか、「かかる労力の違いを考えるとたいした差ではない」と捉えるかも、人によって異なるだろう。

繰り返し強調したいのは、この単純な比較は誤解を招く恐れがある、ということだ。

Y社のケースで述べたように、そもそも取次ルートを利用する出版社の場合、「一〇〇〇万円×〇・七」の書店への〝送り込み〟を自転車操業的に繰り返すことで、四〇パーセントの返品が生むマイナスをカバーし続ける、という発想で経営していることが多い。書店からの自発的な発注を待った結果として一〇〇〇万円が積みあがるトランスビューは、考え方が根っこから異なるのである。

また、「取次ルートで本を送ると返品率は四〇パーセントになる」と決めつけるのも誤解といえる。取次ルートであってもトランスビューと同等の返品率で推移している出版社は存在するし、現状は四〇パーセントの出版社がこれを改善することも不可能ではない。

だが「トランスビュー方式」が、自ら費用をかけて梱包や発送をおこなう手間をかけることで、返品をはじめ従来の出版社運営にまつわる多くの無駄をカットできていることは間違いない。「必要な汗はかく」という姿勢が、運営の全体を合理的にしている。

次に、これらの結果としてトランスビューがあげてきた業績と、二〇一三年から始めた「取引代行」による業容拡大など、同社の現状について見てみよう。

第五章
取引代行

業績を見る

トランスビューの創業期からの刊行点数と実売金額の推移を、同社から書店への販売額（送品額－返品額）で算出した「トランスビューの実収入額」と、書店と取次のマージンも含めた「商品販売額」（消費税分を除く本体価格）で見てみよう。

いずれの年も集計期間は一～十二月。これは同社の決算期と符合している。ただし、二〇〇二年度までは三月決算であったため、「二〇〇一年度」（二〇〇一年四月～二〇〇二年三月）、「二〇〇二年度」（二〇〇二年四月～二〇〇三年三月）、「二〇〇三年度」（二〇〇三年四月～同年十二月の変則決算）については、決算期と集計期間にズレが生じている。（一〇〇〇円以下は切り捨て、カッコ内が商品販売額）

二〇〇一年度	四点	四八〇万円	（六八三万円）
二〇〇二年度	八点	二七六〇万円	（三九一六万円）
二〇〇三年度	七点	一億六〇四六万円	（二億二八七八万円）
二〇〇四年度	九点	一億二四七一万円	（一億七七七二万円）
二〇〇五年度	九点	七七四二万円	（一億一〇一四万円）

二〇〇六年度		八点	八四五九万円	（一億二〇三九万円）
二〇〇七年度		一〇点	一億〇六二一万円	（一億五八五三万円）
二〇〇八年度		一二点	五二六三万円	（七六二四万円）
二〇〇九年度		八点	五〇七三万円	（七三四五万円）
二〇一〇年度		一一点	四四九六万円	（六五一三万円）
二〇一一年度		一一点	三六八五万円	（五四二八万円）
二〇一二年度		一三点	四四九七万円	（六五一一万円）
二〇一三年度	社内	一四点	五三一七万円	（七六八五万円）
	代行	一四点	一一〇三万円	（一六一七万円）
二〇一四年度	社内	一一点	三八一二万円	（五五〇八万円）
	代行	三九点	三三五八万円	（四八三七万円）
二〇一五年度	社内	四点	三〇八六万円	（四四八〇万円）
	代行	七七点	七〇七四万円	（一億〇二四二万円）

二〇〇三年度の大幅な増収は、この年の三月に刊行された『14歳からの哲学』がベストセラーとなったことが大きい。決算期の変更もこれが大きな理由で、毎月、予想外の好収益

が続いたために、その期を縮めることで合計の収益を抑制し、節税を図った。

二〇〇四年度も勢いは続いたものの三六〇〇万円近くの減収、二〇〇五年度は、二〇〇三年度の半分ほどに減っている。出版社経営は博打であるといわれるが、これを一覧する限りでは、トランスビューにも当てはまるといってよい。ヒット作があれば売上げ増、なければ新刊の刊行を増やさない限り徐々に売上げ減、というのが書籍専門出版社の決算である。広告収入と全国の書店やコンビニエンスストアなどへの定期配本が売上げの安定に繋がる、雑誌を主力とする出版社との違いだ。

ただ、同社は創業からの役員である中嶋と工藤の二人に、社員か常勤アルバイトを一人雇用する最少の人員体制でやってきたので、役員報酬の額などを調整すれば継続可能なレベルの収入は維持されてきたといえるだろう。たとえ数人でも社員を抱えている会社との大きな違いである。『14歳からの哲学』をはじめ増刷を重ねるロングセラーがあり、期を重ねるなかで稼働点数も増えて、経営難に陥った時期はないという。

二〇一五年八月に出版業界の有志が開く勉強会「でるべんの会」でおこなった講演で、工藤は販売の内訳について、

◉書店が「直取引」ではなく「買切り限定の太洋社ルート」で送ることを希望した受注が、全体の二四・一パーセントを占める。五年前は二五・七パーセントであった。

◉残りの約七五パーセントを占める「直取引」のうち、ジュンク堂書店(全店合計)が一〇パーセント弱、紀伊國屋書店(同)が九パーセント弱など、売上げ上位一〇法人で七割強を占める。

と解説している。

アマゾンの販売構成比率は、ややわかりにくくなっているという。トランスビューは二〇〇三年、アマゾンへ卸す目的で取次の大阪屋と取引を開始した。当初、大阪屋への卸ぶんは全体の約一割を占めており、これがアマゾンの販売構成比率とほぼイコールであると判断できた。しかし、近年のアマゾンは日販をメインの取次としているため、太洋社からの注文のなかにも、日販によるアマゾン用の注文を仲介するぶんが含まれるようになっていた。

工藤は「太洋社からの注文のなかで、明らかに『太洋社→日販→アマゾン』と思われた注文を合わせると、比率は以前よりやや上がった印象がある」というから、紀伊國屋書店やジュンク堂書店と大きな差はないものの、アマゾンがもっともたくさん売る書店ということになる。書店別販売シェアでアマゾンが一位であることは多くの出版社に共通する傾向だが、構成比率はまちまちで、出版社によっては三割以上を占める場合もある。

数字を「社内」と「代行」にわけている二〇一三年は、大きな分岐点だ。

二〇一二年度までのトランスビューは、自社刊行物の販売以外の事業、たとえば他社で発行する本の編集や制作を請け負う、出版以外の副業をもつといったことにはほとんど着手しなかったという。さきに挙げた毎年の販売金額は、トランスビューの総売上高とほぼ同じと捉えてよい。

二〇一三年度からは、これが変化している。この年の一月に創業した出版社「ころから」と契約を交わしたのを始まりとして、新たに創業した出版社の流通を請け負う「取引代行」事業を始めたからだ。

最初の参加者

関東大震災の混乱中に起きた朝鮮人虐殺事件を追った『九月、東京の路上で』や〝反ヘイト本〟の旗振り役となったことなどから注目を集める「ころから」は、出版社の第三書館に在籍していた木瀬貴吉《たかよし》が立ち上げた。木瀬は以前から出版社創業を目指してきたが、準備にあたって最大の懸案事項となったのが、流通と販売だった。ともに出版社団体「版元ドットコム」に参加していたこともあって工藤と木瀬のあいだには以前から交流があり、トランスビューの理念と方法に共鳴した木瀬は、創業から自社の本の流通を託したのである。

木瀬は二〇〇八年三月に第三書館へ入社。それまで出版関連の仕事に携わった経験はなかったが、編集者の仕事を覚え、やがて自ら書籍の企画・編集も手がけながら、いずれ独立することを思い描いていた。

退職を決め、独立の準備をはじめたのは二〇一二年九月頃だという。トランスビューに流通を委託することを決めるまでの経緯を聞いた。

はじめからトランスビューにお世話になろうと思っていたわけではありません。準備に入った頃は想像もしていなかったというのが正確ですね。

工藤さんにはじめて会ったのは、私が第三書館に入って間もなくです。トランスビューも第三書館も「版元ドットコム」の幹事会社で、入社してすぐに社長の北川（明）に連れられて会合に出たので、このときに知り合ったと記憶しています。

書店と直でやっているというのも早いうちに知りましたが、長いあいだ、多くの出版社とは流通方法が違う、という以上の認識はありませんでした。

周りにいた人たちの影響もあったかもしれません。「あれは工藤さんじゃないとできない」とか「書店がトランスビューの本を頑張って売るのは当たり前だよ。他の出版社より利益が多いんだから」とか、「返品が一ケタというのは何かの間違いだろう。返品されてきた本をまた書店に出すというのを繰り返して、最終的に残った在庫のことを言ってるんだ」

とか、ちょっとした陰口を聞くことがあったんですね。こっちは出版のことは素人だし、第三書館に入ってからも仕事はおもに編集ですから、「トランスビュー方式」が書店も含めて業界にどう受けとめられているのかといったことは、皆目わからない。

会う回数が重なるうちに、優秀な人だという印象は受けていました。版元ドットコムが団体として東京国際ブックフェアに出展した時期に、一緒に準備を進めたわけですが、事務的な作業の処理が速くて、ソツがない。いっぽうで、どんな企画をやろうかという話になると発想にクリエイティビティがあった。たいていの人は、そのどちらかじゃないですか。そういう印象も影響して、たしかに彼だからできるのかな、と。

自分で出版社をやりたいと思ってこの世界に入ったので、いずれ独立することは第三書館に入るときから社長に伝えていました。何年後に、と具体的に決めていたわけではないのですが、二〇一二年になって、もう四五歳になるし、そろそろ動かなくてはいけないと思ったんです。

編集者として著者とのお付き合いも広がってきていたし、つくりたい本の企画はいくつかある。やはり課題は流通・販売をどうするかでしたが、はじめは取次に口座を開くつもりでいました。方針をもって選択したのではなく、そうするものなのかな、という程度ですよね。日販やトーハンと口座を開くには出版業界内に推薦人が必要だということで、親しくしていた東京大学出版会の方が、協力しますよ、と言ってくださった。

結果は門前払いでした。トーハンでは「いまウチが口座を開くとしたら、大手の出版社をやめた編集と営業の方が一緒に始める場合だけです」と言われました。こっちとしては「それはどこの幻冬舎ですか?」ってイヤミを返すのがせいぜいで(笑)。日販とトーハンは、交渉もせずに話が終わってしまった。

大阪屋は、窓口の人が「応援したい、稟議に上げます」と言ってくれた。でも、条件に納得できなかったんです。掛け率は「注文」が六・七掛け、「新刊委託」は五パーセントの歩戻しで六・二掛け。これはまだいいとしても、「注文」ぶんは、四割が半年間の支払い保留ということでした。「それじゃウチは食っていけません」と言ったら、先方が「まあ、そうですよね」って(笑)。取次には取次の事情があるんでしょうけど、私には、新規の出版社は受けいれたくないのが本音なんだとしか思えなかった。

そこではじめて、書店との直取引を考えました。工藤さんにも、困っていると相談はしていたんです。すると工藤さんから「一度、ウチの仕事を見に来ませんか」と誘われたんですね。もう(二〇一二年)十一月になっていたと思います。

トランスビューに行って、半日、工藤さんが何をしているのかを見させてもらいました。このときは、半分わかったというべきか、半分しかわからなかったというべきか……工藤さんは、受注から納品までの段取りとか荷造りの手順などを丁寧に教えてくれた。

とくに奇抜なことをしているわけじゃないんだな、というのが第一印象です。基本的には、書店から注文をいただいたら京葉流通倉庫か事務所で荷造りをし、その日のうちに出荷する。当たり前のことを当たり前にやる、それだけ。

感心したのは、いまはちょっとたて込んでる、といった理由で作業を後回しにしない。注文はいつ来るかわからないわけですから、書店へ送る作業を常に滞らせないようにしておくというのは、当たり前のようで大変なことかもしれない、と思いました。私が同じようにやるとしたら編集の仕事に差し障りが出るかもしれないし、かといってそのために人を雇う余裕はないし、私の連れ合いに一日に二時間だけ手伝ってもらえばなんとかなるかなあ、と考えたりして。ともかくこの日は、それで別れました。

それからすぐ、といっても十二月になっていたと思います。また工藤さんから連絡があって、「ウチと協業しませんか。ついては、もう一回会いませんか」と。

私はこのときは、ちょっといぶかしく思ったんですよ。「協業」って、いったいどういうことだろう、この人、なにを企んでるのかな、と。こっちはまだ実績ゼロの、さきのわからない出版社じゃないですか。でも、それまで工藤さんに対する信頼感はありましたから、とにかく会うことにしました。

このときにはじめて、「取引代行」の構想を聞かされました。正直にいえば、最初のうちは疑念が増していったんです。要するに、トランスビューがウチの本を預かってくれる。書店との取引や流通を代行してくれる。相応の実費はとる。話してくれた内容は、すでにいまの「取引代行」のルールと同じだったと思います。

「ところで、これをやってトランスビューになんのメリットがあるんです？」と訊ねました。説明を聞く限り、トランスビューに大した収入があるとは思えない。やや大げさにいえば、なにかウラがあるんじゃないかと勘繰ったわけです。

すると工藤さんは、「書店の粗利を増やしたいんです」と言ったんですね。「ずっとそう思ってやってきましたが、偉そうにいったところでウチ一社ではなにも変えられない。結局は書店に貢献できていなかった。でも、一緒にやってくれる人が増えていけば、書店の取扱い高も増えていく。いつか変わる可能性がある」と。

「工藤さん、もしかして本気で書店の粗利を増やしたいと思ってるんですか？」と訊いたら、「そうです。そのために直《ちょく》でやっています」と、彼はきっぱり言う。

書店の粗利を増やしたい。その言葉じたいは、以前に直接聞いたこともあったし、彼のインタビュー記事でも読んだ記憶がある。十一月に会ったときも、たしか言っていたと思います。でも恥ずかしながら、私はこのときに、はじめて理解したんですよ。そうか、この人はそれを本気で目指してるんだ……パタパタパターっと、頭のなかでパズルが解けるような感じがしたのを覚えています。

それまで周りで聞いたちょっとした陰口、私も心のどこかにもっていた疑念の根っこにあるのは、工藤さんは、取次ルートで書店に本を送っている出版社との差別化、自社を売り込むための宣伝文句として「書店の粗利を増やす」と言ってるんだろう、という解釈なんですよ。トランスビューは他社とは違うとアピールし、注文増、売上げ増につなげるために言っている。それが悪いことだというわけじゃない。商売をしていれば当然、セールストークはするわけですから。

もちろん、彼だってトランスビューを続けていくために「トランスビュー方式」をやってるんですけど、流通全体に対する問題意識と理想をもっていて、捉えている視界が広いんですね。書店の粗利を増やすことを、彼は実践しながら目指してきた。それを一緒にやりませんかと言ってくれてるんだ、「協業」とはそういう意味なんだと、やっとわかったわけです。

そうなると、今度は違う不安を覚えました。はたしてこの方法で、私の手がける本が通用するのか。第三書館時代につくってきた本は、新刊委託で六〇〇部、八〇〇部、多いときには一万部を取次にとってもらったこともあるわけです。書店の自主的な注文だけでやっていくなんて、ほんとにできるのか、と怖くなった。でも、とにかくやってみようと思いました。「お願いします」と返事をしたのが、その翌日です。

「取引代行」第一号の版元ということになりますが、ルールや料金は、私がスタートするときからずっと同じです。すべて工藤さんがまとめたもので、私から出したアイデアはありません。翌二〇一三年の三月に最初の本を出して、いままで一六点。すこしは書店の粗利を増やすための役に立てたのか、どうなんだろう、という気持ちです。

最初のうちは、それでも「トランスビュー方式」にすべてを委ねることに不安があったんでしょうね。アマゾンに対しては、トランスビューはおもに大阪屋を通して卸しているわけですが、私はアマゾンが出版社との直取引の窓口にしている「e託販売サービス」を利用していました。ただ、これも二〇一五年の六月にやめて、いまはトランスビューから大阪屋を経由しています。「e託」の条件は、アマゾンにかなり有利な内容になっているという印象ですね。二年間やってみて、この先も続けたいと思うような仕組みではないと判断しました。


木瀬が創業した「ころから」を第一号として、工藤は「取引代行」という新たな事業を展開しはじめた。「トランスビュー方式」を、自社の本を売るだけではなく、汎用性のある仕組みとして他社に使ってもらう道へ進んだのである。

もっとも、彼は唐突にこの事業を打ち出したわけではない。

「取引代行」のルールや現状についてまとめる前に、ここに至るまでのトランスビューの模索を、周辺の状況とあわせて記しておきたい。

やろうとしない大勢

僕がはじめてトランスビューを取材した創業二年目、すでに工藤は「将来的には、有効な販売ルートをもたない出版社やフリーの編集者の方のお手伝いをしたい」と話している。その後、トランスビューについての記事を書くたびに「ウチも書店との直取引を考えている。トランスビューを紹介してほしい」といった問合せがあり、僕は躊躇なく仲介した。工藤が「詳しく知りたいという人にはすべて公開します」と断言していたからだ。

もっとも、理由はそれだけではない。僕自身も、取材相手と一定の距離をとるべき記者の立場にありながら、「トランスビュー方式」がもっと広がることを望んでいた。

記者をしていれば、取材対象は年を追うごとに自然と増えていく。一人の書店員が力を入れて売り始めたことをきっかけに火がつく「書店発ベストセラー」に着目し、書店員に自社の本の魅力を積極的に伝えることで売上げを伸ばした出版社。低迷していた既存誌の価格を大幅に見直し、新たなブランド性を与えて再浮上させた出版社。事業として成り立つ可能性が未知数だった電子書籍の開発に思いきって投資する出版社……出版市場の全体は低迷していても、打開策を練り、成果をあげている出版社はいくつもあった。

ところが、どんな営業手法、事業戦略を知っても、「トランスビュー方式」に匹敵する衝撃がない。これは、出版の流通・販売の専門紙の記者として大きな悩みだった。どの出版社の方法を取材しても、内心では「トランスビューほどは読者の参考にならない」と思っているから、新鮮な気持ちで記事を書けない。つくった本が面白い、人物が魅力的であるなど、成否の基準のないことを書くのなら楽しいが、「新文化」のメインテーマはあくまでも流通・販売だから、これについて問題意識を維持できないと、次第に苦しくなっていく。問題意識を持続させるのは、いまは目に見えない答えを求めることへの意欲である。しかし、僕のなかでは取材を重ねるごとに「トランスビュー方式」が答えとして確固たるものになり、目の前にいるのは「トランスビューのようにやろうとしない大勢の出版社たち」という状態になってしまったのである。

業界関係者の会合などがあると、判で押したように「販売の最前線である書店が疲弊している」「書店活性化のために新たな施策を」という話が出る。これに対して出版社や取次は、ほとんど反応しないか、ちょっとした改善案のようなものを出した。

たとえば、「責任販売」と呼ばれる方法である。書店に三〇～三五パーセントといった通常より高い利益率で本を卸す代わりに、返品なしの買切りか、返品数に制限を設ける、というものだ。

一九六〇～七〇年代から業界内でたびたび検討されてきた方法だが、これは話が前提から歪んでいる。書店は従来の条件ではやっていけないから改善を訴えているのに、「改善する代わりに返品するな」と交換条件を出してしまったら、大雑把にいえばプラスマイナスゼロ、書店の負担はいままでと変わらないことになる。

さらに、業界を代表するいくつかの出版社や取次が打ち出した「責任販売」が、常に「実験」という意味合いから対象タイトルを絞ることも、腑に落ちなかった。

出版社一社が実施するなら数タイトル、あるいは数社合同で数十タイトルを「責任販売」の対象商品とするのだが、タイトルを絞ると、書店は「自店の客層や品揃えの特徴にそって仕入れる本を選択する」というもっとも大事な役割を放棄して、「出版社から指定された本」を並べるしか参加する方法がない、ということになる。ほとんどの書店が売りたがるような人気作品、たとえば村上春樹の新作を対象にすればいいのかといえば、それでも参加する意義は小さい。一タイトル、あるいは数タイトルの利益が多いくらいでは、書店の経営構造は変化しないのである。

「実験」だからこそ、一年といった期間の限定をしてでも出版社の全刊行物を対象にすべきだ。「なにを売るかは自由に選べる」という前提がなければ、「責任販売」が書店の経営構造をどう変えるかを検証できないのではないか。

すべての本を対象にしたら大変なことになる、と多くの出版社や取次は考えているようだったが、はじめから書店に三〇パーセントの利益を提示し、書店の望みどおりの部数を送品し、しかも返品を無条件で引き受けている「トランスビュー方式」がすでに存在する以上、出版業界の「責任販売」が中途半端なのは明白だった。

「買切り」とか「返品は仕入れ部数の何パーセントまで」といった制限を設けることにも疑問を覚えた。出版社が刊行前の新しい本を書店に紹介する段階では、まだ商品見本は出来上がっていないことがほとんどである。一部の書店員に完成直前の原稿を読ませたり、プルーフと呼ばれる簡易に製本したものを配ることはあるが、これらも商品としての完成品ではない。他業種の場合、メーカーは販売開始の何カ月も前に見本を制作し、それをもとに小売店の仕入担当者とディスカッションを行い、さらに改善を施したうえで商品を完成させ、発売に至るという。小売店も、この過程を経ることで自店での販売展開、売上げ目標などを確定していく。そこではじめて、買切りという判断も可能になる。

出版業界にも、本の発売一カ月前には実物を完成させることを社内のルールとしている出版社などが稀にある。だが、業界に浸透する様子はない。たいていの本は、発売日直前に出来上がる。あるいは、出来上がったら即座に書店に送り出される。Y社時代の僕が体験したように、どんな本であっても取次にもっていけば全国の書店に配ってもらえることが定着した要因だろう。でも僕は、商品の完成度を取次や書店と発売前に徹底的に検討するような慣習のないことが、さほど悪いことだとは思わない。本は、数多くの人に買われるものや、商品として優秀なものだけに価値があるわけではない。出版社はつくりたい本を自由につくり、そのなかにはいったい誰が読むのだろうという珍本、奇本の類もある。それがときに思わぬかたちで読者に受け入れられる。これが出版の世界の魅力だと思う。

話を戻そう。実際にどんな商品であるかは発売日に届く箱を開けるまでわからない。この慣習を残しながら、書店に「返品不可」の付帯条件を課すのは無理がある。「試しに置いてみよう」「売れるかどうかやってみよう」が書店における本という商品の基本なのではないか。

業界で繰り返される〝流通改善策〟に、僕は常に苛立っていた。個々の出版社や書店が自ら変わっていくしかない——そう思いながら、出版社の人にトランスビューを紹介していた。当時、僕の仲介で工藤のもとを訪れた人は一〇人(社)ほどだったと思う。

だが、そのなかで実際に書店との直取引へ移行した出版社はゼロだった。長期にわたって検討を重ねた出版社もあれば、数日のうちに結論を出す出版社もあったが、誰もが、長く取次に任せてきた物流と精算を自社でやるのは、どうしても負担が重すぎると感じるようだった。

取次ルートから直取引へ切り替えるのは難しい、という壁もあった。長年にわたって取次ルートで送り込んだ本が、全国の書店に大量に残っている。直に切り替えるとなると、これらの本はいったん返品される可能性が高い。場合によっては、この一斉返品が原因で倒産してしまう恐れさえある。実際のところ、連載「〝直〟に挑む」で取材した直取引の出版社には、「創業から直をメインにしている」という共通点があった。もとは取次ルートだったが直へ移行した、という事例は存在しなかったのである。

それでも方法はあるのではないか、と思う。たとえば、すでに出してきた本については従来の取次ルートのままにしておいて、ある新刊から直取引へ移行し、徐々に直取引の本の比重を高めていく。取次は嫌がるだろうし、書店からも「タイトルによって仕入れルートがわかれるのは困る」という声があがるだろうが、そこは理解を得られるよう力を尽くすしかない。ただ、一介の記者がいくらシミュレーションを語ろうと、当の出版社が困難であると判断するなら、それが現実だとしかいいようがなかった。

僕は、記事を書き、仲介をするだけでなく、出版社や書店の人と話していて流通が話題になるたびに「トランスビュー方式」について積極的に語った。だが、いつのまにかそれを惰性で繰り返すようになっている自分に気づいた。たいていの人が「トランスビューはすごいね」「ウチもこのままではまずいと思う」と肯定的に反応する。だが、そこまでなのだ。結局、やる人はやるし、やらない人はやらない。そもそも、流通の方法はそれぞれが正解を見つけるものであって、こうすべきだ、と他人が規定するものではない。

実際には、状況はすこしずつ動いていた。書店との直取引で始める出版社が、いくつか誕生していたのだ。ひとつが、ＰＨＰ研究所、ＮＴＴ出版で編集者をしていた三島邦弘が二〇〇六年十一月に創業したミシマ社だ。創業から話題書が多く出ており、書店にもファンの多い出版社である。同社はトランスビューに精算方法から荷造りの仕方までを学び、取引条件なども「トランスビュー方式」にならった。また、トランスビューと直接の関わりはないが、語学教材の制作・発売やeラーニング事業などをおこなうアスクが二〇〇八年に立ち上げたアスク出版(代表＝天谷修平)も、スタートから書店との直取引をメインとした。この二社は、二〇一六年現在も活発に事業を展開している。

そうした出版社も現れてはいたものの、単発的な現象にとどまるのではないか、新たな潮流として全体に影響を与えることはないのでは、という思いがあった。「トランスビュー方式」を伝えることを、次第にあきらめたのだ。僕は二〇〇九年末に「新文化」を辞めたが、出版社の事業方法について「トランスビュー方式」よりも伝えたいものに出合えないこと、「トランスビュー方式」を伝えることにも限界を感じたことは、理由としてとても大きかった。

同じころ、工藤は「取引代行」へと至る模索の時期にあった。

「トランスビュー方式」に関心をもって話を聞きに来る人には、自社の方法を惜しみなく公開した。自社でやるのは難しいという人には、当初はトランスビューが「発売元」となることを提案していた。記録映画の製作・配給会社のシグロが書店でＤＶＤの販売をしたいと相談に訪れ、二〇〇五年発行の『映画日本国憲法』から発売元を引き受けた。また、ゲーム制作・販売大手のナムコが二〇〇六年に絵本事業に参入した際、やはり相談を受けて発売元となっている。当時、ナムコの担当者は「過去にはゲーム攻略本など量販型の本も手がけてきたが、絵本については数万部、数十万部といった大部数の販売を望んでいない。書店が一冊一冊を丁寧に売り続けてくれるような届け方をしたいと考え、出版業界の各方面を回って検討した結果、トランスビューにお願いすることを決めた」と説明している。

提案を拒む出版社も多かった。出版社を始めようとしている人は、皆、小なりといえども独立した存在でありたいと思っている。「発売元」を頼むのは自社の上にトランスビューを頂くようで、抵抗感を覚えるのである。工藤のほうも、発売の責任を負う以上、どんな本でも受け入れるわけにはいかないと考えていた。引き受けるかどうかは毎回の新刊を見て判断すると説明すると、それを理由に相手が引くこともあった。

そうしたなかで大きなきっかけとなったのが、現在も関係の続くバナナブックスとのやり取りである。

「バナナブックス」は出版社名ではなく、建築関連の事業を手がけるグローバルネットの石原秀一が、社内の一事業として本の制作・発売をする際につけていたレーベル（屋号）である。多くの出版社と同じく、石原が本の流通・販売についてレクチャーしてほしいとトランスビューを訪れたのが出会いだった。バナナブックスは、その後しばらくは独力で建築関連書の制作・発売をしていたが、やがて継続が困難となり、それでも出版を続けたい、方法はないだろうか、と再び工藤のもとへ相談に来たのだという。二〇一〇年のことだ。

このとき工藤は、トランスビューがバナナブックスの本を仕入れ、販売するという方法をとった。本のカバー表4（裏表紙）部分に「バナナブックス（トランスビュー）」と記したシールを貼り、そのシールにはトランスビューの住所と連絡先も記して、奥付に印刷された本の発売元がバナナブックスであることは変えずに、販売に関わる対応だけをトランスビューが引き受けていることを示した。

工藤はこの経験を通じて、相手が出版社として独立した存在のままであっても流通・販売面で協力する方法はある、ということに気づいた。「発売元」を引き受ける必要はない、あくまでも書店への流通・販売だけをフォローすればよい——ころからを第一弾とする「取引代行」につながるヒントを、ここで得たのである。

なお、同じ二〇一〇年に、トランスビューはバナナブックスを社内で抱える一レーベルとして吸収した。石原が手がける従来の建築関連書のほか、人文・社会科学書がメインのトランスビューにとってイレギュラーな企画となる絵本を刊行する際に、バナナブックスの屋号を使っている。

工藤のこの発見は、それまでに多くの既存の出版社、出版社創業予定者と会い、相談に乗ってきたことが土台になっている。この十数年間、そうした人たちの情熱や悩み、抱える課題を、もっとも数多く受けとめてきたひとりではないかと思う。

取次ルートの出版市場は低迷を続けていたが、それでも小さな出版社や書店を始める人は出現していた。彼らは、マスメディアで「出版不況」という言葉が盛んに使われていることを知りながら、それでも「本」を生業とする道を選んだ人たちだ。大きな資本を準備し、

「ベストセラーを出して、経営者として成功したい」と考えるよりは、カネでは買えない人生の意義を「本」に見出している人が多い。元来、出版とはそういう人が始めるものだ、ともいえるかもしれない。

そうした近年の空気を代表するひとりが、二〇〇九年に夏葉社をおこした島田潤一郎だろう。自らの半生を書いた『あしたから出版社』（晶文社）にも描かれているように、就職もままならず、就いても職場に生きがいを見つけられない、といった自分探しが続いた島田にとって、社会と能動的にかかわる唯一の手がかりが「本」だった。社会の流れにうまく溶けこめない、でも「本」を介してなら世の中に対して熱くなれる……出版を始める動機としてはじつに原始的であり、共感が集まるのも理解できる。なお夏葉社は、小さな出版社との口座開設に積極的な小規模取次のＪＲＣ（旧称＝人文・社会科学書流通センター）を利用しており、一部の新刊書店や古書店、ブックカフェとは直取引もしている。

ころから・木瀬貴吉の話からもわかるように、大手取次の日販、トーハンは、彼らのように心意気ひとつで出版の世界に飛び込んでくる存在を迎え入れ、市場に送りだし、育てていく余裕を失っている。口座を開設したいという人に対して、従来どおり、向こう一年にわたる出版計画や、事業を継続できる運転資金などを予め備えていることを求めた。取引条件も、僕がＹ社に在籍したころより厳しいものになっている。

もちろん、こうした取次の対応は「出版不況」を率直に反映したものであり、一企業としての判断を短絡的に批判することはできない。だが、与信を優先するあまり、若く、小さな出版社が参入する間口を狭めている限り、残念ながら取次ルートから次世代の出版はうまれてこない。取次の最重要課題のひとつであろう。

夏葉社・島田、ころから・木瀬のように近年に小さな出版社を始めた人と話をすると、僕が在籍したY社のような昭和の終わりから平成はじめごろに団塊世代が立ち上げた小出版社よりも、事業に対する堅実さ、慎重さを感じる。熱意を込めてつくった本を世に問うていくためにこそ、「バンバン新刊をつくって、書店にドーンと売らせよう」とは考えず、一点一点を丁寧につくり、売っていこうとしている人が多い。大手取次と口座を開設することにこだわらないのも、その表れだろう。

また、近年の小さな出版社たちは「本屋好き」という点でも共通している。やはり一冊一冊を丁寧に仕入れ、販売する本屋にシンパシーを感じ、そうした本屋に喜んで売ってもらえるような本をつくりたい、と考える傾向にある。アマゾンのランキングを上げるにはどんなPR戦略が必要か……以前はこれを研究する小出版社が目立ったが、新しい出版社からは、アマゾンでの販売に強い関心を示す声も聞こえてこない。

近年のこうした状況を反映して、販売の〝量〟よりも、その届け方、書店との向き合い方にこだわってきた「トランスビュー方式」への注目度が再び増している。それは、工藤が「直取引のトランスビュー」として注目されることに安住せず、それを広く使ってもらえるものにするための模索を怠らなかったからだと思う。二〇一三年から「取引代行」を始めるという流れは、まさに必然だったのだ。

費用のすべて

二〇一六年三月時点で、トランスビューに「取引代行」を委託しているのは二三社である。その契約内容などを、簡潔に紹介する。

説明しておくべき前提が二つあって、ひとつは「取引代行」という言葉の意味である。トランスビューは、その出版社に代わって本の「発売元」になるわけではない。独立した出版社同士の契約であり、契約出版社はトランスビューに書店との取引、流通部門の代行を委託するに過ぎない。刊行した本の販売権利者(責任者)は各出版社であり、トランスビューは在庫の保管、書店からの受注と本の発送、代金の徴収など該当する業務を請け負い、対価を受け取る立場である。

出版社は、不満があればいつでもトランスビューとの契約を打ち切ることができる。その時点での精算をし、トランスビューに預けていた在庫を返してもらうだけだ。ただし、書店からの返品はその後もあるので、これに関わるやり取りは続くことになる。

もうひとつの前提は、出版社は「どの本」を「何部」トランスビューに預けるかを自由に判断する、ということである。ある本を二〇〇〇部つくったとして、半分の一〇〇〇部をトランスビューに預け、あとの一〇〇〇部は自分で売る、としてもかまわない。トランスビューに預けた分はトランスビューと同じ条件で書店へ卸すことになるが、自社で売る分はいかなる条件で書店を含む小売店に卸すのも自由である。ただし、同じ書店に条件の異なる本を送ってしまうと混乱のもとになるので、トランスビューから送る書店はトランスビュー経由で統一することが望ましい、トランスビューを利用せずに自ら直接卸す書店はそれ一本で通したほうがいい、ということが原則になる。

預けた在庫は、トランスビューが契約する京葉流通倉庫とトランスビューの事務所にわけて保管される。書店との取引条件、受注や発送の基本ルールなどは、すでに書いた「トランスビュー方式」に準じる。そのうえで、在庫の保管や発送をはじめとした各作業にかかる料金が徴収される。

具体的に、どんな項目で費用を徴収しているかを見てみよう。一つひとつ、言葉の意味を確認しながら把握すればけっして複雑ではないが、ここでは「出版社が本を流通させるためにはこれらの作業を要する」ということをざっと知るだけでもいいと思う。とくに各項目の料金は、実際にトランスビューの「取引代行」を利用するつもりの人でない限り、さほど重要ではない。ひとつの参考と捉えてほしい。

☆基本料＝三〇〇〇円（月額）
預かる点数、冊数にかかわりなく、「取引代行」を受託することに対して徴収する。ただし、取次への新刊の見本出しなど基本的な営業活動をトランスビューがサポートする場合は、費用を上乗せした料金の徴収を相談することもある。
◆書籍保管料＝三円（一部当たり、毎月末時点での在庫数で計算）
◆完本入庫費用1＝一〇〇〇円（一タイトル当たり）
二〇一六年春から追加した項目。指定した書式での新刊情報の提供を求める書店への対応や、注文書への登録作業などに対して徴収する。
●完本入庫費用2＝二円（一部当たり）
完成した本を新たに預かったことに対して徴収する。
●完本出庫費用＝一三円（一冊当たり）
注文を受けて、倉庫から本を出庫したことに対して徴収する。
●取次納品料＝八円（一冊当たり）
取次への納品に対して徴収する。
●宅配便送料（単独）＝四三〇円（八〇サイズまでの箱一個当たり）
一社の荷物を単独で発送する場合に徴収する。八〇サイズとは、タテ、ヨコ、高さの三辺の合計(センチ)を指す。

●宅配便送料(混載)＝一八〇円(八〇サイズまでの箱一個当たり)

同一書店から複数の「取引代行」出版社(トランスビューも含む)の本の発注があり、一つの箱にまとめて発送できた場合は料金を分散できる。

●メール便送料＝一八〇円(一個当たり)

「ネコポス」など、ポスト投函型の小口配送便を利用した場合に徴収する。これに必要な資材の費用も、併せて徴収する。

●納品書発行費用＝二円(一枚当たり)

紙を一枚〇・五円、プリンターでの印刷などの制作料を一・四円で計算。

●出版社向け倉移し出庫＝一三円(一部当たり)

出版社が倉庫にある本を自社の事務所へ送ってほしい場合など、書店への納品のためではない発送に対して徴収する。

●断裁出庫＝三円(一部当たり)

本を廃棄処分するために出庫する場合の費用。

◆返品入庫＝二〇円(一部当たり)

書店から返品があった場合に、これを受け取り、保管のために仕分けする費用として徴収する。

◆返品本改装作業＝並製本が一八円、上製本が二二円（一部当たり）
返品されてきた本の汚れや傷などを修復する作業に対して徴収する。
☆書店取次決済費（1）＝二五円（一部当たり）
「合計納品数＋合計返品数」で算出。発送するにせよ返品を受けるにせよ、「本が商行為によって移動する」のを代行したことに対して徴収する。
☆書店決済費2（書店直取引）＝本体売上金額の二パーセント
「納品額－返品額」で算出。本体売上金額の実売額の二パーセントを、1とは別にトランスビューが販売成果として徴収する。
☆取次決済費2＝本体売上金額の一パーセント
取次経由での販売に対して、「書店決済費2」と同様に徴収する。
◆都度請求書店決済費（単独）＝二〇〇円（荷物一個当たり）
「都度請求」とは、書店から客注などの単発的な注文があった場合を指す。郵便振替用紙の制作・発送などの諸費用に対して徴収する。
●都度請求書店決済費（混載）＝一〇〇円（荷物一個当たり）
「宅配便送料」のケースと同様に、ほかの出版社と同一の箱で発送することになった場合は費用が分散される。

各項目を、●と◆と☆の三つにわけた。

●は、トランスビューにかかる実費分の負担だけを求めている項目。◆と☆は、トランスビューには直接の作業経費が発生しないか、トランスビューにかかる作業経費にいくらかの上乗せをしている項目である。もっとも◆についても、かかる実務とそれに必要な実費の負担を求めているに過ぎないと理解してよい。トランスビューが「取引代行」を請け負うことによって契約出版社から得る収入は、☆の「基本料」「書店取次決済費（1）」「書店決済費2」「取次決済費2」の四項目となる。

ほかにも、かかる費用はいくつかある。すべてを記さないが、「剝離シール」がそのひとつだ。トランスビューの「取引代行」によって流通する書籍は、そのことを書店にわかりやすく知らせるために、「トランスビュー取引代行」と記されたシールを本の表4部分に貼ることになっている。端に爪を立てればキレイに剝がせて、跡も残らないタイプのものだ。これは一枚当たり二・三円（一回に二〇〇〇枚以上を発注）を徴収する。

トランスビューから契約出版社への売上金の支払いは、書店への請求月の翌々月の十日に、返品額を相殺しておこなわれる。たとえば一月末時点で書店への請求がなされた金額から、同月にあった返品の金額を差し引いたものは、三月十日に支払われる。かかった経費は、この売上げの精算とは別に、トランスビューから各社に請求する。

もっとも、多くの人が知りたいのは「要するに、トランスビューに『取引代行』を頼むといくらかかるか」「トランスビューにいくら払うのか」であろう。
トランスビューは、「取引代行」の相談に来た人に次のような試算を示している。

◉本体一五〇〇円の本を、二五〇〇部制作
◉このうち一五〇〇部をトランスビューの「取引代行」とし、そのすべてを書店に発送
◉一五〇〇部の販売内訳は、
・書店直取引＝一二〇〇部を二〇〇店舗の書店に納品
（宅配便が一二〇店＝単独八〇店＋混載四〇店、メール便が八〇店）
・取次経由＝三〇〇部
◉その結果、直取引分の一二〇〇部のうち一〇パーセント強にあたる一三〇部が返品
※取次経由は買切限定なので返品リスクはなし
◉書店、取次へ卸す場合の掛け率を六八パーセントで算出
（七〇パーセントで卸している書店もあるが、計算の簡素化のため統一）

仮に右のような業務委託内容と販売結果であった場合、出版社の売上金額（実収入額）は、
一五〇〇円（本体価格）×一三七〇部（総納品部数の一五〇〇部－返品となった一三〇部）×〇・六八＝
一三九万七四〇〇円。

これに伴って発生する各費用項目を計算すると、トランスビューが出版社から徴収する費用は、一九万二三八〇円。実収入額との対比では、約一三パーセントだ。これが、トランスビューに「取引代行」を委託することで徴収される経費の目安となる。このうち、☆マークをつけた四項目、トランスビューが「取引代行」を受託したことで出版社から得る実質的な報酬は、八万〇三五〇円。契約出版社の実収入額の約五・七パーセントである。金額やパーセンテージは取り扱い冊数や本の価格、販売成果によって変動することになるが、けっして契約社にとって〝お安い〟料金ではないことがわかる。

トランスビューにとって「取引代行」事業のポイントとなるのは、売上げ成果に対して中間マージンをとるだけでなく、☆をつけた「書店取次決済費」＝発送するにせよ返品されるにせよ、「一冊の本が移動する」という現象そのものに対しても費用を徴収する点にある。この項目は、直接的には契約社の「販売結果」に収入を左右されないからだ。取り扱い冊数が増えるほど、つまり取引出版社が増えるほど、この項目による収入は伸びることになる。取引先の本が売れなかったら事業が傾いてしまうようでは、今後、多くの出版社の本を預かる立場を維持できない。

これは、トランスビューの「取引代行」が、従来の取次業とは内実の異なる事業であることを表している。

取次は、基本的な契約内容としては出版社や書店の「販売結果」に収入を左右される。すくなくとも公明正大には、「一冊」を行き来させたことによる料金を徴収していない。公明正大には、というのは、実際には出版社や書店から送品や返品の手数料を徴収したり、本の行き来の激しい（つまり返品の多い）出版社や書店には、送品の減数や停止、条件の改定といったペナルティを与えるなど、外から見れば曖昧な基準で「一冊の行き来」によって生じる費用を回収しているからである。

この〝外から見た曖昧さ〟は、取次の大きな特徴だ。否定的なイメージで受けとめられそうなところだが、多数の出版社と書店のあいだに立つ取次にとっては、A社との取引によって被った損をB社との取引でカバーする、いっぽうでB社には別のときに融通を利かせるなど、複雑に絡み合う利害を調整しながらトータルで利益を確保するということが、全体を維持するうえで大事なことだったのだろう。それらすべてを堂々と公開していたら、不公平ではないか、ウチもあそこと同じようにしてくれ、といった不満や要望に対応しきれなくなる。こうしたブラックボックスを確保しているからこそ取次のシステムは維持されてきたともいえるし、いちがいに否定すべきことではないと思う。

いっぽう、「納品でも返品でも一冊の動きに対して二五円をとる」と明記しているトランスビューの「取引代行」は、取次とは対極のスタンスをとっている。わかりやすいことはたしかである。

現在、「つかだま書房」の屋号で出版社の創業を準備中の塚田眞周博《ますひろ》に話を聞いた。塚田は、アスペクト、河出書房新社、産経新聞出版といった出版社を渡り歩いた後、現在はフリーランスの編集者。二〇一三年秋には、一九九九年に亡くなった小説家・後藤明生《めいせい》の未刊行作品などを収録した「後藤明生・電子書籍コレクションシリーズ」を著者の長女とともに立ち上げ、この編集を手がけている。

まだ正式な創業時期が決まっていないのに、そのときに流通・販売をトランスビューに依頼することだけは決めているという。

トランスビューに惹かれた最大の理由は関わり方の自由さです、と塚田は話す。

「工藤さんの話を聞いてとくにいいなと思ったのは、やめたいと思えばいつでもやめられる、ということでした。大手はもちろん、小規模の取次であっても、取引にあたっては事業計画を提出しなければならないと聞いています。それじたいがおかしいとは思いません。継続的に事業を続ける計画のない出版社と取引をしたくないと考えるのは当然だと思います。もちろん、トランスビューにとっても定期的に新刊を出す出版社のほうがいいと思いますが、工藤さんに相談したら『事業計画書はいらない』『年に一、二点の刊行でも一向にかまいません』と言ってくださった。たとえば一タイトルをお願いするだけでやめてもいいし、二点つくったところで資金繰りに詰まってしまったらギブアップしてもいい、と。さらに、これはどうするかを迷っていることですが、『つかだま書房』を法人にしなくても契約してくれるという話でした」

――継続的に営業していくつもりがない、ということですか？

「できれば継続したいですが、飽きっぽい性格なので、続けられる自信と確証がないんです。それと、出版社を続けることが目的になって、無理に本を出すことだけはしたくないと思っています。多くの出版社が、年に何点は出さないと食っていけない、という発想になっていくでしょう？　本当に出したい本を精魂込めてつくり、しかも営業や宣伝までひとりでやるとしたら、僕の場合はせいぜい年に四点が限界だと思います。やってみて、年に一〇点出さないと食っていけないのだとしたら、それでも出版社を続けたいとは思いません。出版活動はいくつかの収入源のひとつと考えます。生活の糧はほかの仕事で得ても、自分が世に問いたいと思える本だけをじっくりつくっていきたい」

――本づくりについては収益に囚われずにやっていきたい？

「いえ、大事につくる一冊だからこそ、収益のことも納得してやりたい。トランスビューは、その点でもわかりやすい。まず、返品率が間違いなく低いというところがいいです。出版社にいたときは、これを読めないのが悩みでした。たとえば返品率二〇パーセントを前提に原価計算をしても、それを上回ることがざらにあった。『トランスビュー方式』の返品率が圧倒的に低くなるのは、返品する場合の送料負担を覚悟して書店が注文してくれること、書店に対する送りこみをしないことにあると思う。注文部数は少なくなるでしょうが、適正な初版部数になる方法といえるのではないか。あまりにも注文が集まらないようなら、その時点で定価や造本、印刷部数を見直すこともできる。出版活動をしていくうえでまっとうな気がします」

出版事業を生活の糧を得る手段と捉えずに、どうしても世に問いたい本だけを自分のペースでつくり、出していく。塚田のような出版スタイルも、これからは増えてゆくかもしれない。

トランスビューにとって、「取引代行」はまだ始まったばかりの事業である。

本章の冒頭に掲載した同社の業績推移を確認すると、「代行」した出版社の合計販売金額は、初年の二〇一三年度が一一〇三万円(出版社の実収入額合計)、二〇一四年度が三三五八万円(同)、二〇一五年度は七〇七四万円(同)。

試算をもとに、トランスビューの得る収入を仮に「約五・七パーセント」とすると、一年目=約六二万円、二年目=約一九一万円、三年目=約四〇三万円。工藤によれば「現状でも理屈上はウチに赤字が発生しない構造」であると同時に、「引き受ける出版社が増えていかない限り、事業として成立したとはいえない状態」である。

契約社にとってけっして安くはなく、トランスビューにとっても大きな利益があるわけではない「取引代行」がなんのためにあるのかといえば、工藤が木瀬に語ったように、書店の粗利を増やすためである、としか説明のしようがない。いまの二十数社が今後、五〇社、一〇〇社と増えていくほど、書店にとっては「従来より粗利が高い」「希望どおりの部数を仕入れられる」「発注をした日に出荷される」本を、豊富に扱えることになる。

実際のところ、トランスビューに「取引代行」を依頼する出版社は定期的に増え続けている。とくに二〇一五年からは、工藤のもとに相談が寄せられる機会も頻繁になっている。

その背景には、やはり取次ルートを「正常ルート」と呼んできた、従来の日本の出版流通の動揺がある。

日販、トーハンとは事業規模が異なるものの、かつては大手二社に続く三〜五位だった取次が、ここにきて相次いで経営難や倒産に追い込まれている。大阪屋は二〇一四年に資金難が表面化し、楽天、大日本印刷、大手出版各社などから出資による経営支援を受けた。栗田出版販売は、二〇一五年六月に民事再生法の適用を申請。大阪屋と栗田は統合され、二〇一六年四月から新会社「大阪屋栗田ＯａＫ《オーク》出版流通（以下、大阪屋栗田）」として再出発した。太洋社は、二〇一六年二月に自主廃業を目指した事業整理に入ることを発表、結局は売掛金の回収が順調に進まず、同年三月十五日に自己破産を申請した。大手二社のひとつである日販も、二〇一五年度の決算で本業である出版物販売の部門が赤字に陥っていることが明らかにされた。

その原因は各社の経営陣の能力などにもあるだろうが、取次ルートを軸とした従来の出版市場が縮小を続け、書店数も減っている以上、予期されたことだったともいえる。新規市場の開拓が順調に進まない限り、取次は競合他社から取引書店を奪うといった戦略をとるしかなく、シェア争いのあおりを受けて大幅な減収がつづき、倒産する企業が出てくることは避けられない。

ただ、ここであらためて強調しておきたいのは、それでも出版を志す人が世の中からいなくなる気配はない、ということだ。広義の意味での出版とは、それこそ人類が言葉を用いてコミュニケーションをはかるようになった太古の時代から存在する行為であり、世の中の景気とか、ましてや「出版取次業の危機」などといった些事を原因に衰退するものではないのである。

自分なりの出版に挑んでみたい、しかし取次に本を預けることは正しいのか？　だがそれ以外の方法とは？　この段階で立ちどまっている人にとって、「トランスビュー方式」はこれまで以上に有効な方法のひとつに映るだろう。既存の出版社にいて、取次ルートの今後に不安を覚えている人にとっても魅力的に映るかもしれない。

だが、「トランスビュー方式」のもうひとつの大きな特徴は、取次主体の出版流通システムの存在自体を否定するものではない、ということである。

これまで見てきたとおり、取次ルートの抱える欠陥のいくつかを浮き彫りにするものではあるが、取次ルートから遠く離れた場所で聖域を構築してきたわけではない。そもそも、トランスビューが向き合っている「書店」の多くは、取次があってこそ成り立ってきた小売店であるからだ。したがって、直の仕入れはしないと決めている書店のために太洋社と創業当初から取引し、その後は大阪屋とも口座を開いた。むしろ、取次ルートとの接点を積極的につくってきたといったほうが当たっている。

それを端的に表すのが、二〇一三年、「取引代行」の本格化と同時に始めた「注文出荷制出版社による書店向け共同ダイレクトメール」である。

第六章
注文出荷制

共同ダイレクトメール

トランスビューは二〇一三年一月、「トランスビュー取引代行」第一号の「ころから」と取次ルートをメインに書店へ本を卸している出版社四社との共同で、全国の書店に宛てたダイレクトメールの発送を開始した。封入するのは各社の最新刊などを紹介する注文書付きのチラシで、より活発な受注につなげることが目的である。

取次経由の出版社と直取引のトランスビューが自社の本を共同で書店にアピールするにあたって掲げたキーワードが「注文出荷制」である。これは、「見計らいの委託配本」（「パターン配本」のように、取次にまとまった部数を預け、取次の判断で全国の書店へ本を分配してもらう配本方法）をおこなわず、書店からの自主的な注文のみに対応して本を送る、という意味だ。スタートにあたり、参加出版社が話し合って決めた造語である。

工藤は、このダイレクトメールを始めた理由を次のように説明する。

「ウチや『取引代行』をお引き受けした出版社の本を、いままで以上に書店に知っていただきたいという目的もありますが、やはりウチだけでチラシを送っても書店にとってはインパクトが弱い。そこで、取次ルートがメインであってもパターン配本などの自動的な配本システムに頼らず、書店の自発的な注文だけに対応している出版社であれば、スタンスを共有できることに気づいたんです」

参加出版社は、「今月でた本」「来月でる本」をPRするA4サイズ・カラーの注文書付チラシを各自で制作し、これをまとめて封入したダイレクトメールを、毎月末ごろに全国の書店へ郵送している。トランスビューが事務局を請け負い、書店からファクスで入る注文はPDFに変換され参加出版社にメールで配信されるようにしている。

トランスビューは必要経費を参加社から徴収しているだけで、この共同ダイレクトメールじたいで収益を得ようとは考えていない。取次の配本システムに依存せず、主体的な仕入れを行う書店が増えることが、ひいてはトランスビューのような直取引をメインとした出版社の認知度向上や受注増にもつながると考えている。

これも展開規模は拡大し続けており、二〇一六年三月時点で全国の一四〇〇店舗の書店に郵送、参加出版社は三五社となっている。

ダイレクトメールの作成は、トランスビューの事務所を使って自前でおこなう。毎月の二十五日頃、夕方になると参加出版社の人たちが集まってきて、刷り上がった各社のチラシの山をテーブルに並べる。ひとりが二〜四枚ずつを重ねては右隣の人に渡し、最後はビニール封筒に収める流れ作業を、だいたい十数人でやる。「封入大会」と呼んでおり、三〜四時間はかかる重労働だが、手を動かしながら互いの近況を報告しあったり、本づくりや営業についての情報交換をする場にもなっている。

この「封入大会」は、それじたいが毎月開催の小イベントの様相を呈している。ダイレクトメールの参加出版社ではないのに興味をもって個人的に手伝いに来る人が、常に数人いるのだ。そのなかには、作業の全体の流れに目配りをし、ときには皆に指示を出しているリーダー格までいる。また、出版社の立ち上げを準備している人、取次に所属している人などもやって来るようになって、毎回、かなりの賑わいである。作業はおよそ午後八時から九時ごろに終了し、その後は「残業」と称して居酒屋へ移動する。

参加する三五社のうち、日販やトーハン、あるいは地方・小出版流通センター、JRCなどの取次をとおした流通をメインとしているのは一二社(二〇一六年三月時点)である。彼らが「トランスビュー方式」をどう見ているかは興味深い。その内容を理解したうえで、自身は取次ルートを選択しているのである。

取次ルート出版社側からの観察

その一社、羽鳥《はとり》書店は、二〇〇九年四月、東京大学出版会で編集者をしていた羽鳥和芳を代表に、東京大学生協の書籍部で書店員をしていた糸日谷智《いとひやさとる》ら三人で創業した。おもに美術書、人文書、法律書を刊行。取次は、日販、大阪屋(現・大阪屋栗田)、八木《やぎ》書店、大学図書、ミュージアムショップへの流通を専門とする東京美術などを利用している。

営業部門を担う糸日谷に、この共同ダイレクトメールに参加した理由と、取次ルートの出版社の立場からみた「トランスビュー方式」について聞いた。

――羽鳥書店は、ダイレクトメールがスタートした二〇一三年一月時点では参加を見送っていますね。

「参加したのはその年の六月からです。その気はあったのですが、まずは様子を見ました。『注文出荷制』という言葉が、ちょっと気になったからです。書店に買切り(返品不可)のイメージをもたれないだろうかと。ずるいかもしれませんが、書店の反応などをしばらくうかがって、それほど神経質にならなくても大丈夫だと参加を決めました」

――参加するメリットはなんですか。

「きちんとカラー刷りでつくった注文書を全国の書店に郵送できるのは大きい。とくに美術書は、カラーの注文書のほうが本の魅力を伝えられると思います。あとは、費用です。いま一四〇〇店舗に送っていて、制作費と参加費を合わせて毎月二万円ほどですが、皆でお金を出し合っているからこの価格でできる。一社が単独で同じことをしたら、送料だけで一〇万円を超えますからね」

――ダイレクトメールがスタートして三年を過ぎましたが、糸日谷さんから見て課題はありますか？

「あえて挙げるなら、二つ。ひとつは、郵送する書店をすこし絞ってもいいのではないか。反応がまったくない書店がけっこうある。これは書店が悪いのではなくて、まずは、我われが注文したくなるような本を出せていないと考えるべきですが。もうひとつ、これは半分やつ当たりですが、『トランスビュー取引代行』の出版社のダイレクトメールだと思っている書店が多いのではないか」

――いまのところ、「トランスビュー取引代行」の出版社が全体の三分の二を占める。もっとも、宛名を印刷した表紙には、参加出版社名を流通ルート別に載せているわけですが。

「それでも書店の人と話すと、誤解されているケースがあるんですよ。ただ、これも取次ルートの出版社の参加を増やせばいい話なんですが」

――「トランスビュー方式」に対する糸日谷さんの評価を聞きたい。まず、羽鳥書店が創業にあたって取次ルートを選択した理由は？

「社長の羽鳥はトランスビューに注目していたし、同じように書店と直でやりたいという考えでしたが、僕は取次と口座を開きましょうと話した。直が悪いわけじゃないし、できないこともないけど、書店のことを考えると取次を通したほうがいいと思いました。直の出版社が増えると、そのぶん精算作業など書店の負担も増えるわけです。一社が増えるだけならたいしたことはないけど、今後、われもわれもとトランスビューに続く出版社が出てきたら、書店は間違いなく大変になると思ったんですよ。

出版業界に限らないでしょうけど、それぞれが自社の売上げを最大化しようと努力した結果、皆で相手に無理を強いて、結局は皆が苦しくなってしまうことって多いじゃないですか。トランスビューやミシマ社が出てきたことは肯定しているけど、直取引が広がることで書店にとって精算などの作業が増えるのはイヤだなと思っていました。やはり取次ルートのほうが、書店にとっては従来のルーティンワークだから負担が少ない。僕はそっちをとろうと思いました。もっとも、ウチが創業するときは『取引代行』がなかった。あれなら伝票もひとつにまとまるわけで、書店の精算作業は増えない。当時すでにあったら、また違う判断をしたかもしれません」

――取次と口座を開くときに、条件面などでこだわったことはありますか。

「掛け率は、多くの新興出版社と同じくらいです。満足しているわけではないけど、先方の提示を受け入れました。『取次の設定する条件はひどい』と言う人が多いけど、取次が譲歩してでも取引したい出版社になれているのかを考えたほうがいいと思います。取次に物流と精算を頼みたいのはこっちで、取次のほうからどうしても扱わせてくれと言ってきているわけではないですから。

こだわったのは、『歩戻し』をどうするか。ウチは創業から注文出荷制ですが、新刊委託についても指定配本だけはしている。この新刊委託の指定配本で歩戻しをとる、といわれました」

――「注文出荷制」という表現はたしかに難しい面があって、「注文」の意味が、直取引と取次ルートで微妙に異なりますね。トランスビューにとっての「注文」の意味はシンプルですが、取次ルートの出版社にとっては、「新刊委託」と「注文」という、流通上の条件の違いを示すものでもある。「新刊委託」には、取次が各書店に送る部数を決める「パターン配本」と、出版社と書店で送る部数を取り決める「指定配本」があって(註・19頁参照)、羽鳥書店は、この「指定配本」だけはやっているということですね。

「そうです。指定配本は書店が自主的に仕入れ部数を決めているわけで、注文出荷制の原則から外れない。ウチはパターン配本をするつもりははじめからなかったし、取次のパターンにそった配本を頼まない以上、『配本手数料』という名目になっている歩戻しを払う理由はない。これについては条件の変更を求め続けて、創業から半年間は平行線でした。その間に販売や返品の実績をみせて、歩み寄った条件にしてもらいました。

でも、『注文』の場合の半年間の一部支払い保留などは受け入れました。本来、返品がないはずの『注文』扱いで出庫した本を、出版社の了解で返品を受け取るわけですから、取次がリスク管理としてある程度の保留をするのは当然かなと考えた。理屈として納得できるものは呑んで、理屈に合わないものは拒否した、ということです」

――今後も、取次ルートでやっていく方針ですか。

「どんなことがあっても続けようとは考えていません。たとえば、取次が条件の改定を迫ってくることがあるかもしれない。その内容に納得できなければ、トランスビューに取引代行を頼むか、単独で直をやっていくか、検討すると思います。取次が示す条件に納得できなくてもほかに方法がないので我慢する、という状態にならないようにしておきたい」

――仮定の話になりますが、取次ルートをやめて直にするとしても、トランスビューに取引代行を頼むとは限らないのはなぜですか。

「『トランスビュー方式』には、良い面がたくさんあるけれども、書店に対する条件が同一なのは、どうかなと思う。すべての書店と平等な条件で向き合ったことは素晴らしいですが、そこにはトランスビューにとってのコスト計算とか作業の平準化という都合もあると思うんですよ。もちろん、それも理解できますが、たとえば本のタイトルによって条件を変えることがあってもいいなと」

――具体的には、どのように？

「書店が頑張ってくれないと売れない本と、書店がそれほど頑張らなくても売れる本があるでしょう？　たとえば無名の新人のデビュー作は書店に苦労をかけるので安く卸すとか、すでに評価の高い著者の本は高くするとか」

――判断の難しい本も多いような気がしますね。羽鳥書店では、わけられますか？

「まあ、実際にはほとんどの本が同じになるでしょうね(笑)。ただ、掛け率は六八パーセントで統一を絶対にするのではなく、変えられることが前提になっているといいな、と思います。出版社も、本をつくるときにいろんなパターンがあるじゃないですか。たとえば著者が『たくさん売ってほしいから必要な金は出すよ』と言っているとしたら、いままでは定価設定などに反映させていたわけですが、これを書店へ卸すときの掛け率に反映させるとか。あるいは、競合の多いタイプの本は書店にとってほかより安く仕入れられるようにするとか」

——本来、取引というのは個別交渉で交わすものだし、もっと柔軟性があってもいいのでは、ということですね。取次ルートは一見すると自由さに欠けているが、出版社によっては特定の書店に裏報奨を渡しているところもあったり、表と裏を使い分けながら個別に向き合っている側面がある。

「関連することでいうと、ウチが取次ルートを基本にしたいまの状態のまま、トランスビューに部分的に頼めたら嬉しいなと思うこともあるんですよ。たとえば、客注への対応です。取次ルートも、以前よりは書店への到着が早くなりましたが、それでも書店から注文があると、ウチの倉庫からいったん取次の倉庫へ行って、そこから書店へ行くと一週間はかかっちゃう。取次の倉庫に在庫を置いてもらえば早くなりますが、これはこれでお金がかかるし、そんなに毎日、たくさん発注があるわけではないので。トランスビューの仕組みを活用させてもらえたら、早ければ翌日に着く。客注だけトランスビュー経由にし、られないですよね」

書店に八〇パーセントで卸せたらありがたいんですが、その条件だと工藤さんは受け入れ

――トランスビューと同じ七〇パーセントで卸すわけにはいかない？

「取次から返品を受け入れている現状では、無理です。書店にとって、取次ルートで入れる場合と比べて客注だけが極端に仕入れ条件がよくなってしまうから」

――「注文出荷制」は直取引の出版社と取次ルートの出版社が共同で書店にアピールできるアイデアだったわけですが、その先を突き詰めて考えると、やはり互いに摺り合わせられない部分が顕在化してくるということですね。

「ただ、工藤さんはいまのところ一人で回しているわけで、本によって条件を変えるなんてことをしていたらさすがに対応しきれないと思う。すくなくとも現状では、取引代行もダイレクトメールも、工藤さんは最大限、できることをしていると思います」

――糸日谷さんは羽鳥書店に参画する前は書店員をしていたわけですが、本屋の目線で「トランスビュー方式」をどう評価しますか。

「はっきりいって、面倒ですね。さっき言った精算作業が増えるなどの手間もありますが、やっぱり仕入れが難しい。返品はいつでもとってもらえますが、その場合の送料は書店の負担ですから、それが一冊であっても数百円のコストがかかる。書店員の目利き、仕入れ能力を向上させるべきなのはもちろんですが、売れる数を一冊の狂いもなく見極めるとい

うのは、かなり難しいことですよ」

――書店からすると、返品はいつでも受けると言われても、事実上は買切りのつもりで仕入れなくてはいけない？

「とくに小さな書店、売れている本を仕入れてもせいぜい数冊の売れ行きというような書店にとっては、けっこう難しい出版社だと思う。取次ルートより利益の多くなる条件で仕入れても、返品のコストで増えた利益分が消えてしまう可能性がある。もちろん、返品せずに時間をかけて売っていけばいいのですが、その間は在庫を持っていなくてはならない。日常的に返品をしている取次ルートであれば、すぐに返品して新しい本を棚に並べる、という展開が可能ですから。

ただ、元書店員の立場からもうひとついえば、これからの書店は、もっと交渉力をつけるべきだと思います。トランスビューになにか具体的な交渉をした書店って、これまでどれくらいあるんでしょうか？　たとえば『一年に一回だけ、段ボール一箱分の返品を着払いで引き取ってほしい。そのかわり、年に最低何円分を仕入れる』とか提案したっていいと思うんです。取次や出版社から条件を提示されると、そのまま従ってしまう傾向がいまも強い。なにかあるたびに〝ちょっとご相談〟をしたほうがいい。ウチは取次ルートであっても個々の書店とこれまでにいろんなやり取りをしてきたし、いつ、なんどき、誰の相談でも受けます。工藤さんも、できることとできないことはあっても、常にそのつもりでいると思いますよ」

安い本でもやっていけるか

「新刊委託」は「指定配本」のみ、という羽鳥書店の方針は、いまの取次ルートの出版社のあいだではけっして異質ではない。パターン配本が返品増を招く大きな要因になっているという認識は広がっている。「注文出荷制」を名乗っていなくても、「新刊委託」はせずに「注文」だけに対応する出版社も少なくないし、従来の慣習としてパターン配本を継続している出版社も、いまは部数を絞る傾向にあるようだ。

糸日谷の指摘は、取次ルートを選択した立場から「トランスビュー方式」がけっして完成されたものではないことを示しているが、「取引代行」第一号のころから・木瀬も、糸日谷とはまた異なる視点から課題をあげている。「トランスビュー方式」が、価格の低い本の場合に利益を残せない、という問題だ。

ころからの場合は、『NOヘイト！　出版の製造者責任を考える』（二〇一四年十月刊）と、『さらば、ヘイト本！』（二〇一五年五月刊）の二点がこれにあたる。一時期、書店の売場で目立って置かれることの多かった「嫌韓」「反中」などのいわゆる〝ヘイト本〟への危惧と批判を表明し、それらの本が制作される内幕を暴く話題書となった。なるべく多くの人の手に取りやすくという目標があったから、どちらも新書サイズでつくり、本体価格は九〇〇円とした。

ところが、この九〇〇円という価格設定は、書店からの「その本を一冊だけ」という注文に応じた場合、赤字になる可能性が高い。

トランスビューが「取引代行」出版社から徴収する費用のうち、客注の場合に直接かかる費用は次のとおりである。項目の内容については127〜129頁を参照してほしい。

完本出庫費用(一三円)+メール便送料(一八〇円)+納品書発行費用(二円)+書店および取次決済費1(二五円)+書店決済費(一八円)+都度請求書店決済費〔単独〕(二〇〇円)=四三八円。

書店に七掛けで卸すとして、九〇〇円の本を一冊売った場合の出版社の実収入は、九〇〇×〇・七=六三〇円。

六三〇円−四三八円=一九二円の利益が残る。ただ、これ以外にかかる最低限の費用として、やはり本の編集費・制作費は勘案しなければならない。仮にトランスビューと同様、「著者への印税も含めて本体価格の二五パーセント」であるとすると、九〇〇円×〇・二五=二二五円だ。

一九二円－二二五円＝マイナス三三円。

編集費・制作費は出版社によって異なるので、これはひとつの試算に過ぎない。また、受注金額全体のうち客注が占める金額割合は低い傾向にあるので（トランスビューは四パーセント）、トータルではこの赤字をカバーできる可能性もある。ここで指摘するのは、あくまでも「九〇〇円の本を一冊だけ書店に納品する」という一回の行為で出版社が利益を残すのはかなり難しい、ということである。

実際のところ、二点合計で七〇〇〇部の実売があったにもかかわらず〝反ヘイト本〟の二点は儲けの出ないものだったという。

「工藤さんに『各種の費用を、一部当たりじゃなく注文一件当たりでとる方法を探れないか』と相談したこともあるのですが、やはり一部当たりで計算しないと合理的ではないというのが工藤さんの結論だった。いまのところは『14歳からの哲学』の一二〇〇円あたりが、『トランスビュー方式』で出す場合の最低価格じゃないでしょうか。九〇〇円の本を出すなら、ほかの本も含めた全体の売上げでカバーしていくしかない。よほどの理由がない限り、もうこの価格帯の本は出しません」

「トランスビュー方式」において低価格の本をどう扱うかは常につきまとう問題で、現時点では明快な解決策はない。たとえば「一二〇〇円以下の本については書店に送料の負担を求める」といったルールを設けたら、「書店にまっとうな利益を得てもらう」「あらゆる冊数の発注を等しく価値あるものとして扱う」という基本原則が崩れるし、そもそも注文する書店が激減するだろう。

将来的な解決法のひとつは、「混載」が増えることである。現在、トランスビューは取引代行の各社に「可能であれば、毎月の第一月曜日」に最新刊の出荷日を集中させることを勧め、この日に「混載」の荷物を増やすことで各社の送料負担を減らすようにしているが、「取引代行」出版社が現状の二十数社よりもケタ違いに多くなれば、「混載」の段ボール箱が出荷するパターンもかなり多くなる。いまのところ「混載」の場合にトランスビューは出版社から一八〇円を徴収しているが、これをさらに下げられるようになれば、低価格の本でも利益を残せる可能性が出てくる。

もっとも、トランスビューの流通を支える宅配便事業の今後の状況によっては、それでも解決は難しいかもしれない。二〇一五年九月に刊行された『仁義なき宅配』（横田増生著、小学館）は、ヤマト運輸、佐川急便、日本郵便の大手三社による送料の低価格競争が、ドライバーなど現場を担う人々の賃金低下、労働環境や生活の悪化を招いている現状を詳しく報告している。今後、宅配便事業の各社が基本料金を引き上げるといったことが起きれば、「トランスビュー方式」にも影響は及ぶだろう。

もちろん、価格競争の皺寄せが現場を圧迫するという問題は、宅配便事業に限られた話ではない。印刷、製本、倉庫など、本をつくり、販売するためのあらゆるパートに同じようなことが発生している。ころからが〝反ヘイト本〟で抱えた課題は、「本」の基本価格を引き上げることでしか解決しないのかもしれない。

書籍の場合、多くの消費者の感覚は、大雑把にいって「二〇〇〇円以上は高い」「一〇〇〇円以下なら高いとは感じない」といったところではないだろうか。実際、単行本はその中間である一四〇〇～一六〇〇円のものが多いが、これはすでに、「量」を売らないと出版社、著者など関係者にとって利益の乏しい価格設定だ。ところが、もはや「量」を売ることが難しくなっているのが現状だから、この価格帯を平均としている限り、道は開けてこない。もっと平均価格を引き上げ、消費者に「本は二〇〇〇円以上するのが当たり前」という感覚をもってもらわなくてはならないが、それこそが難しい。本の価格についての問題は、当面は答えが見えそうにない。

木瀬が挙げる課題は、価格問題にとどまらない。

「先日、音楽関係の本を刊行したので書店を営業して回ったのですが、どこへ行っても、その分野の担当者がトランスビューの名前を知らない。完全に一から話さなくてはいけなかった。人文・社会科学書系のトランスビューと同ジャンルの本であれば、こうした問題はあまりないかもしれませんが、これから『取引代行』が増えていけば、取り扱いジャンルも多岐にわたっていくでしょう。トランスビューは無理に営業をして注文をもらうことをしない方針ですが、創業したばかりの『取引代行』の各社は、そういうわけにもいかない場面が多くなる。認知や理解を促すことが、より重要になってくると思います」

「もうひとつ気になるのは、我われは取引をトランスビューに託しているので、書店や取次が倒産した場合、債権者になれない。それでも、トランスビューが債権を回収できなかった場合は被害をこうむるわけです。いまのところは小規模で信頼関係もあるからいいですが、いずれはトランスビューとは別に流通の新会社を共同出資で立ち上げたほうがいいと思います。『取引代行』の出版社であれば誰でも出資する権利があるかたちで。なにか起きたときにトランスビューだけで問題を抱えず、皆で協議し、責任を負う体制をもったほうがいいと思う。

金のからむ問題は、ブラックボックス化していると周囲に受け取られるのがいちばん怖い。出版業界はこれからも何が起きるかわかりませんし、せっかく出合えた『トランスビュー方式』が、災難に見舞われないようにしたい」

そもそも、流通の仕組みに完成はないのかもしれない。

二〇一三年の工藤は、「取引代行」によって「トランスビュー方式」を他社が使えるものにし、さらに「注文出荷制出版社による書店向け共同ダイレクトメール」で取次ルートの出版社とも協調してゆく道を開いた。だが木瀬や糸日谷が指摘するように、いまのところ、この二つの取り組みの趣旨が書店に広く理解されているとは言い難い。「取引代行」出版社のひとつ、神戸の苦楽堂（二〇一四年六月創業、本書の発行・発売元）の代表・石井伸介《のぶすけ》は、58頁で紹介した「取引覚書」を交わすことを説明するだけで直取引で仕入れることから引いてしまう書店がある、と話す。また、苦楽堂はこれまでに三点の書籍を刊行しているが、「発売元はトランスビュー」と誤解している書店関係者に出会うこともあるという。

書店も含む周囲の視線や声にもまれながら、進化のための模索はこれからも続いてゆくだろう。

「いや、私はできると思います」

第四章のはじめに触れたが、二〇一五年五月、編集代表の中嶋廣が同社を離脱した。もともと法藏館を離れてトランスビューを興すことを企図し、実行したのは中嶋であり、同じ法藏館の若手営業社員だった工藤は、中嶋に誘われて同社に加わった。創業からしばらくは、やはり同じ法藏館出身の編集者だった林美江《よしえ》も参画していたが、事実上、編集は中嶋、流通・販売は工藤が担う二人体制で運営してきた。

中嶋は二〇一四年秋に病を得て長期の入院生活を余儀なくされた。現在は本格的な復帰に向けてリハビリ中である。

編集者の立場から「トランスビュー方式」にもっとも深く関わってきた中嶋に、これをどう見ていたかを訊いた。

「とにかくクリアだった。過程と結果の透明性が高かった」と中嶋は話した。

「工藤はまず、書店を見ていた。というか、書店員だね。出版社を立ち上げたら、どうしたって取次だとか、目の前の相手とのやり取りに気をとられるものだ。私の周りで出版をやってる人たちも、皆そうですよ。ところが彼は、遠くにいる書店員を起点にすべてを考えていた。最初からそうだったし、ずっと変わらなかった」

だが、不満はあった。編集者としては、手がけた本はすべて大切である。どの本も、営業にはできるだけ力を入れてほしい。

しかし工藤は、書店を回り、書店員にあの手この手で提案し、刊行されるすべての本を一冊でも多く置いてもらう、という営業をしない。「この本を売ろう」と判断するのはあくまでも書店であり、出版社から頼んで置かせるようなことはしない、と決めている。繰り返しになるが、書店の主体的な仕入れに応えること、出版社の都合で本を送り込まないことが「トランスビュー方式」の前提であるためだ。中嶋からみれば、この本は営業を熱心にかけない限り伝わらない、しかし伝われば売れ行きは変わるはずだ、と思うこともあったという。

中嶋は二〇一五年七月、親しい著者や業界関係者などが集まった快気祝いの会での挨拶のなかで「私にとってトランスビューとはかけがえのない唯一の存在であり、ほかの、多くの出版社と同じ一社ではない」と話している。

中嶋の離脱によって、現在のトランスビューは工藤と常勤アルバイト一名、週に一〜二日出勤のアルバイト一名で運営している状態にある。新刊は長く出ていなかったが、二〇一五年後半から二〇一六年一月にかけてバナナブックスのレーベルで建築書と絵本『ながいながいみち』を、二〇一六年四月には『森卓也のコラム・クロニクル　1979―2009』を刊行している。『ながいながいみち』の編集は工藤、『森卓也――』は、当初は中嶋が手がけていて、その後に工藤が引き継いだものだ。

以下は、二〇一六年一月におこなった工藤へのインタビューである。

――今後についてうかがいます。トランスビューは、「取引代行」を事実上の専業とする流通・販売の会社になるのか、一出版社として本の刊行もしていくのか。あらたに編集者を雇用する予定はありますか。

「トランスビューとしての出版も続けていきますし、編集者を雇うつもりです。ただ、いま私がやっている仕事（流通・販売部門）を半分くらい預けられる人を優先して探すかもしれません。やはり一人になってから、仕掛かり中だった企画のなかで中嶋の退職後もそのままウチから出すことになった本の編集もしたり、出版社を始めたいといって相談に来られる方がとても多くなっていたり、やや忙殺されている面はあるので。そのうえで編集者を、できれば二人。いきなり総勢三人も増やすのは無理なので、その体制にするまではすこし時間がかかると思います」

――こういう本をつくる編集者に来てほしい、という希望は。

「とくにありません。最低限の線引き、たとえば『こうすれば痩せる』といった話で読者を引っかけようとか、そういう本をつくる発想の人でなければ（笑）。私に編集者を育てる力はないので、未経験の人も難しいです。編集部門を完全に任せられる人ですね。中嶋までいかなくても、すぐれた人に。いずれにせよ、こういう本をつくってくれなくては嫌だ、というのは具体的にありません。もっとも『取引代行』のほうも、僕が評価している編集者が独立するのを流通・販売面でバックアップさせていただく〝出版社開業パック〟みたいになってきている。最近は、なにも同じ会社に所属して一緒に机を並べて働く必要もないのかもしれない、とも思いますね」

――その「取引代行」が増えていることに絡んで、いくつかうかがいます。書店からトランスビューへの要望として挙がっていることのひとつが、「直取引対応の出版社を網羅したような、インターネット上で発注できる専用のウェブサイトを立ち上げてほしい」と。この計画はありますか。

「独自で直をやっておられる出版社はウチだけじゃなくいくつもありますから、網羅するというのは難しいかもしれませんが、トランスビューが引き受けている範囲で受発注のサイトを開くことは、ずっと頭にあります。ただ、これももうすこし先になります。いまのところウチが代行している出版社数やタイトル数では、まだ書店にとって便利なサイトにはなれない。そういうシステムを提供する会社はすでにいろいろあるので、代行している出版社の数がもっと増えたら、すぐに始めると思います」

——「取引代行」は、これからも数を増やしていく方針ですか。

「意識して増やすのではなくて、自然と増えていくだろうと思います。先週だけでも、出版社を立ち上げるのですが、と会いに来られた方が三人いました。来られた方のうち何割がウチを利用されることになるかはわかりませんが、増えていくことは間違いない」

——「取引代行」が増えていくことで予想しているリスクはありますか。

「数の多さに対応できなくなることは、当面はないと思います。もちろん、いまの二十数社とは違う規模になってくれば、新たに人を雇う、受注を円滑にするシステムを立ち上げるといったことが必要にはなりますね」

——次々と受け入れていけば、出版社の本のジャンル、内容、あるいはレベルも様ざまになってくる可能性がありますが、引き受けるか否かを判断する基準はありますか。

「明確にはないですね。ウチの方法は、書店が自発的に発注し、仕入れ、売ってくださることで成り立つので、その水準に達している本でないと見たら、お断りします」

――書店にとって売れる本、売りたいと思える本というだけなら、守備範囲はかなり広くなる。極端な話、いわゆる成人指定のエロ本をつくる会社が来たらどうしますか。

「うーん、私の目と頭で判断します。これまでの書店さんとの関係から扱ってどんな反応があるかということも考えるだろうし、でも、いままでにないつくり方をされているとか、なにか特徴があれば積極的に考えるかもしれない」

――じつは、明確な基準をもつ必要はないと思っている？

「正直にいえば、そうです。『トランスビューが引き受けていることが担保になる』と言ってくださる書店もあるのでラインアップを意識はしますが、かかる料金などもすべて明らかにしているので、きちんと出版業をやっていくつもりの人なら、ウチの『取引代行』が取次を使うよりお手軽だったり料金的にお得というわけじゃないことは、すぐにわかってもらえると思う。そのうえで流通を任せたいと言ってくださるのだから、これからの書店とか出版に対する意識みたいなものも、つくる本に自然と表れる方が利用されると思うんですね。もちろん今まで、まったくの私家版だとか、書店から注文をいただくのはかなり難しいと思う本を持ってこられた人もいますが、全体としてはわずかです」

――すでにいくつか事例もありますが、大手、中堅規模の出版社から独立し、新たに始めようという人が利用を考えるケースも増えそうですね。トランスビューを核に、次の出版をつくろうとする人たちのネットワークが形成されていくのではないか。

「そういう人たちが共通して使える基盤のひとつになりたい。ただ、それ以上のなにかになる必要はないと思っています。集まった人たちでナントカ会とかチームとか、そういうものをつくっていくつもりは、私にはまったくありません」

――基本的には一人ひとり、一社一社が自立した存在であったほうがいいと。

「そう思います。話がそれますが、大きな出版社の人って、いまも社史を読まされたり、その会社のブランドに忠誠心をもっていたりするんでしょうか？　すごく小さな規模であれば、創業者のカリスマ性などで組織がまとまることはいまもあると思うんですが、大きな会社が洗脳的に大勢の社員を引き連れていくようなことって、これからはなくなるのではないか」

――たしかに、大手の出版社の人と話していて所属する会社そのものへの愛着みたいなものを感じることは、ほとんどないですね。

「規模が大きいほど、出版社としての統一感とか〝らしさ〟みたいなものは薄まっていくと思うんですよ。その出版社だけがもつ魅力みたいなものはなくなっていく。大きな出版社にいることの意義って、高給を得られる以外になくなってきているのではないでしょうか。もちろん、それこそが大きいという人も多いでしょうけど」

――大手出版社、総合出版社はもともと、そういうものは弱い気がします。ただ、著者の立場からすると、大手出版社の存在意義は、書き手への手厚さでしょうか。大手の編集者だって忙しいとは思いますが、やはり書き手とじっくり向き合い、いいものを書かせようという意識が高い印象がある。小さな出版社だと、「いま忙しいんだろうな」とか「あまり金がないだろうな」とか(笑)、相手の事情が見えてしまって気を遣うところもある。もちろん、いまは大手もかつてと違ってかなり余裕を失ってはいるわけですが。

「多くの著者を抱えて、そうして書かせるのが大手の魅力だとすると、この先どうなのかな、と。つまり、そういう書き手との付き合い方を支えるのは一部の超売れ筋本という構造を維持することが、これからも基本になる。それでもつのかな、とは思います」

――たしかに、書き手のほうも意識を変えたほうがいい。そして、その構図の基盤になってきたのも、やはり「委託配本」などを前提とした、これまでの取次ルートですね。売れる本も、そうでもない本も、とりあえずは全国の書店にまいて、ヒットする本も返品の山になる本もあって、トータルで収益を確保することを目指してきた。書店の主体性を前提にして、どの一冊も等しく大切に送ることを目指した「トランスビュー方式」は、これと対極にある。

もっともトランスビューも、『14歳からの哲学』がベストセラーになったおかげでもっているという見方を、ずっとされてきました。計算をしてみますと、『14歳からの哲学』が刊行された二〇〇三年度から二〇一四年度までの、トランスビューの収入金額の合計は、八億七四八九万円（102〜103頁を参照）。この間に『14歳からの哲学』が四〇万部売れたとして計算すると、本体価格一二〇〇円×〇・六八×四〇万＝三億二六四〇万円。全体の三七パーセントを占めます。

「なかったほうがよかったのかな、と思うことがあるんですね」

──『14歳からの哲学』のヒットが？

「誤解を招く言い方をしちゃってますね。亡くなった池田晶子さんに素晴らしい本を書いていただいて、もちろん売れたことも嬉しかったんですけど、そのこととは別に、ウチの方法をわかっていただくうえで妨げになった面はあると思います」

──たしかに、「トランスビュー方式」は「出版社が儲かる方法」を提示したわけではないですね。まっとうなかたちで出版社から書店へ本が届く方法を提示しようとしたのであって、『14歳からの哲学』がヒットしたことはそれとはまた違う話なんだけど、二つを混同して解釈する人も多かった。

「ただ、バンバン儲けるための方法ではないですが、出版社が、堅実に、長くやっていくための方法ではあると思っています。それは、これから証明していきます」

──取次ルートの出版物販売額が縮小をつづけるなかで、出版取次として三位の大阪屋と四位の栗田出版販売が二〇一六年春に統合することになり、トランスビューが創業まもなくから口座を開いてきた太洋社も、本社ビルを売却するなど消滅か吸収かという段階にある(※その後、三月十五日に自己破産を申請)。大手二社の日販、トーハンの寡占状態がより進むなかで、トランスビューに相談に来る人もますます増えている。工藤さん自身は、出版流通全体の今後はどうなれば理想的だと思いますか?

「業界内の狭い話でいえば、トーハンや日販などの取次が、我われ的なもの、いわゆる『トランスビュー方式』のように変質したらいいと思います。簡単にいえば、ウチがやっているように取次がやってくれる、もう『トランスビュー方式』は不要になる、ということです。もちろん、書店のマージンが三二パーセントですから出版社はいまよりも大幅に低い出し正味で取次に卸さなくてはいけないわけで、難しいことだとは思いますが」

――ただ、できないことはないんですよね。満数出荷とスピード納品は取次の配送能力があれば可能。いちばんの問題は、やはり利益配分になりますが。

「いきなり全部を切り替えるのは無理があるとしても、新しく口座を開く小さな出版社に対してウチと同じ条件で引き受けることから始めるというなら、できないことはないですよね。そうしたら、書店も出版社も皆、トランスビューより取次をとるでしょう。総合的な力が大きいし、書店に与える影響力もあるわけで」

――いっぽうで、まず無理かな、とも想像するんですね。多くの書店と多くの出版社の間に立ってモノとカネを行き来させてきた取次は、どうしても「全体」をどう維持するかで動く。すべての取引先と一対一で向き合えない体質が染みついている。「トランスビュー方式」とは、発想の根本が違う。

「いや、私はできると思います。取次だって、これから立ち上がってくる出版社や書店にとって継続可能な条件や流通方法を提示できなくては、未来がないですよね。これをどうするかを考えることはかなり重要な課題のはずだから」

――「トランスビュー方式」が消えることが、工藤さんが描く出版流通全体の理想？

「ええ。そうなったら、自分もそれに乗っかるか、転職を考えます（笑）」

――とはいえ、すくなくとも当面はそうはならず、取次ルートに乗ることをよしとしない人たちにとっての駆け込み寺のひとつになるかもしれない。

「もっとも、それも怖いことかもしれませんね。さっき『わかってもらえると思う』と言いましたが、『取次に口座を開くより直でやったほうが上手くいくんだ』と安直に出版社を始める人が大勢出てきたら、今度は当然、長続きしないところも続出しますね」

――過渡期というのは、そういうものかもしれません。ところで相変わらず、この「トランスビュー方式」を誰にでも公開する考えですか？「取引代行」ではなく、方法だけ詳しく教わって自分でやります、という人が来てもかまわない？

「ええ。いつでも歓迎しますし、なんでも訊いてくださってかまいません。『書店の負担を減らすためにも一緒に注文できるようにしませんか』と一言お誘いすると思いますが、どんなふうにやるかはそれぞれが決めることですから」

――もし工藤さんが、いま、まったく新たに出版社を始めるとしたら、これまでのやり方で変えるところはありますか。

「基本的には同じようにやりますが、細かいところでは、書店向けの説明文を変えると思います。立ち上げ当初に『初回発注＝三カ月後末〆請求。請求翌月末にお支払い』とか『委託』『買切り』といった言葉を使ったのは、やはり取次とのやり取りが基本になっている書店さんにとってのわかりやすさ、比較のしやすさを意識していました。いまだったら、取次と取引のないお店の人が読んでも違和感がないような、もっと普通の表現にするでしょうね。たとえば、買切りと委託をわけて説明する必要はない。『すべての本の返品を無期限で引き受ける』とだけ書けばいい。

それと、在庫の持ち方でしょうか。創業以来、大幅な断裁をやったことがないので無駄な在庫を抱えずにやってこれたとはいえますが、もうちょっと少部数で重版をしておいたほうがよかったなと思うことは何度かありました。あとは月並みですが、電子出版への対応。まだ五年、十年は、電子出版をやっていないと出版業が成り立たないということはないと思っていますが、いまから考えておいたほうがいいでしょうね」

このインタビューから二カ月後の三月十五日、太洋社が東京地裁に自己破産を申請した。トランスビューにとっては、創業当初に口座を開いた唯一の取次である。直取引を望まない書店には太洋社を経由して本を送っており、総受注金額の四分の一を占める最大の取引先でもあった。流通条件は返品不可の「注文」のみであり、二月まで太洋社からの支払いが滞ることはなかったというから債権額もさほどではなかったが、それでも重大な事件が起きたことは間違いない。

追加の質問をする必要があった。太洋社に代わる主要な取次ルートをどう確保するのか？

しかし、工藤の答えはあっさりとしたものだった。

「八木書店にお願いしました」

八木書店は、東京・神田小川町に本社を置き、戦前から出版業、古書店業を営んできた老舗企業である。出版取次業は一九五三年に開始した。新刊だけでなく、出版社が再販指定を外し、小売店が割引販売できる「アウトレット本」を卸す取次としても知られている。

――いつ口座を開いたのですか？

「じつは、もう二年ほど前に。当時から太洋社の経営不安の噂が流れていたので、準備だけはしておいたほうがいいなと。これまでは毎月、ごく少額の取引があったのですが、これからは各取次への仲間卸しも八木書店にお願いすることになっています」

トランスビューに、さしたる動揺はなさそうである。

「トランスビュー方式」について話を聞きたい人が、もう一人いた。太洋社の仕入部に所属していた纐纈勝人《こうけつかつひと》だ。二〇〇一年のトランスビューの口座開設時に窓口を務めた人である。その後はほかの部署に異動していたが、最後の約三年間は再び仕入部に戻り、トランスビューとの直接のやり取りは基本的に纐纈が受けもっていたという。

太洋社はなぜ、日販、トーハンが拒否した「掛け率は書店に卸す場合と同じ」というトランスビューの要望を受け入れ、口座を開いたのか。纐纈自身は「トランスビュー方式」をどのように見ていたのか。

東京・外神田にある太洋社本社を訪れたのは、二〇一六年二月二十日である。太洋社はこの月の五日、書店から売掛金を回収したうえでの「自主廃業」を想定していると発表。出版社には廃業までの商品供給の継続を要請し、書店には新たな取次と契約して太洋社廃業後の仕入れルートの確保を促す、という段階にあった。

——トランスビューとの取引が始まった経緯を聞かせてください。

「きっかけは、TRC（図書館流通センター＝取次から仕入れ、図書館への納品を専門とする出版取次）さんからご注文をいただいたことでした。TRCさんには『ストックブック』といって、図書館からの注文を見越して予め在庫を確保しておくシステムがあるのですが、当時、トランスビューさんから刊行予定だった『生きる力をからだで学ぶ』（鳥山敏子《としこ》著、二〇〇一年十二月刊）のストックブック用の発注が当社にあった。これに対応したいということで、お話は当社からトランスビューさんにもちかけました。はじめは中嶋さん、林さん、工藤さんと三人で見えて、応接室で話をしましたね。ただ、中嶋さん、工藤さんとは初対面ではありません。とくに工藤さんは、法蔵館の営業をされていたときから定期的に仕入窓口へいらしてましたから」

――口座の開設は、その本が出るときから？

「その前月の、二〇〇一年十一月だったと思います。ただ、このときは正式な口座開設とはいえません。書店に卸すためには、最初に口座を開いた取次が出版社に『出版社取引コード』というものを付与し、どの取次でもこのコードで管理するようになるわけですが、トランスビューさんにこれを付与したのは一年後の二〇〇二年十一月です。取引コードは『5529』ですね。それまでは太洋社がもっている自社の取引コードを使ってTRCや書店に卸していましたから、最初の一年は、ややイレギュラーな取引だったことになります」

――トランスビューは書店に直接卸すのと同じ条件を要望したわけですが、これを受け入れたのはなぜですか。一般的には、新規出版社であれば「注文」が六・七掛けとか六・五掛け、「新刊委託」であればここから歩戻しの五パーセントをとる、といった条件が取次から提示されると聞きますが。

「そこは、いくつもの理由が重なっていると思います。まず、とにかくTRCさんから発注をいただいたのだから応えよう、というのがあった。当時、TRCさんはトーハンさんと当社が取引をしていたわけですが、ウチはこうした新規の出版社さんも扱います、頑張っています、ということで」

――太洋社はトランスビュー以前から、直取引がメインの出版社と積極的に取引していますね。いちばんの目的は、ほかの取次との差別化ですか。

「まあ、そうです。それと、トランスビューさんの場合は法藏館でずっとやってきた人たちが始めた出版社だし、創業後もすでに刊行点数が数点あったから、実績があるという見方もできた。営業の工藤さんが流通をわかっておられるので話をしやすい、ということもありました。編集の方だけで出版社を始められると、流通のことをよくご存じないために、伝票をどうするとか、倉庫からの出庫をどうするとかいった話をするにもなかなか進まないことが多いのですが、工藤さんがいるのですんなり進むだろうという安心がありました」

――社内で「この条件では受け入れられない」といった反対意見はなかったのですか。

「いいんじゃないか、という反応だったと思います。ともかくTRCさんの注文にお応えすることを前提に進めていましたし」

――新規出版社の条件を現状より良くしても、じつは取次の経営に影響はない？

「それはないと思います。多くの出版社と取引があって、トータルでカバーしていけばいい、という判断をいろんな場面でするのが取次ですから。他社さんとの兼ね合いもあって、あまり公表してほしくない話ではありました」

――トランスビューとの取引は赤字だった？

「それも、はっきりとはいえないですね。『注文』だけで基本は買切りというのも、口座を開いた理由のひとつになると思います。返品がほとんどないのは、やはり大きいです。こちらの作業負担も減る」

――返品は、完全にゼロではなかったのですか？

「ごくわずかですが、ゼロではないです。さっきお話ししたストックブックにしても、先方から残った在庫を返したいといわれることはあるし、書店も含めて、工藤さんが先方の事情を汲んで了解すれば受け取ることもありました」

――直取引系の出版社と取引する場合に、取次にとって注意しておくべきこと、厄介なことはなんでしたか。

「直が基本の出版社さんは、直で卸している書店さんと、ウチを経由している書店さんとにわかれるわけですが、直で入れたものを書店さんが誤ってこっちへ返してきてしまうということは、ありました。そこを気にしておかないといけない」

――トランスビューの本は、誤返品はよく起きていましたか。

「印象だけをいえば、わりとありました。どの書店さんからの返品かわかる場合は連絡して戻しますが、仲間卸しでほかの取次さんを経由して送ったものも返ってきちゃうと、どの書店からの返品なのか、わからないことがある。その場合は取次さんに返す。ただ、直取引の出版社だから困ったこと、というと思い浮かぶのはそれくらいですね」

――いま仲間卸しという言葉が出ましたが、ほかの取次と口座を開いている書店からの注文を太洋社が仲介する、つまりモノの動きとしては「トランスビュー→太洋社→ほかの取次→書店」となる場合、太洋社はその取次から何パーセントを徴収するのですか。一般には五パーセントだと聞いたことがありますが。

「よく『五分引き』という言い方をしますね。実際にはウチと各取次さんとの関係によって若干の違いがありましたが、具体的には勘弁してください」

――もうひとつ確認したかったのは、着荷までにかかる日数の差です。「トランスビュー→書店」「トランスビュー→太洋社→書店」「トランスビュー→太洋社→ほかの取次→書店」の三パターンで、どのくらいの差があるのか。「トランスビュー→書店」の場合、午後六時までの受注なら、翌日か、土日を挟んで最長でも四日、としています。中継地点がすくないほど早いのは当然ですが、太洋社が取引する書店に送る場合、仲間卸しになった場合、日数にどのくらいの差が生じると理解すればいいか。

「どうでしょう……。ウチがその本の在庫をもっている場合と、もっていない場合でも変わってきます。ウチに在庫がある場合だと、注文を受けたら、データから在庫を引き当てて、出品伝票をおこすのは翌日です。この日のうちに出荷できるかは、そのときの輸送体制、便があるかどうかなどにもよります。だから、最速なら受注の翌日に出荷。でもたいていは、受注の翌々日か三日後、というところですね。ウチに在庫がない場合は、トランスビューさんであれば京葉流通倉庫から太洋社へ届くのが受注の翌日か、翌々日ですから、在庫がある場合にプラス、一日か二日。つまり、受注から三日から五日でしょうか」

――仲間卸しの場合は。

「これはもう、なんともいえません。相手の取次さんにもよりますが、たとえば日販さん、トーハンさんを経由するなら、まずはウチから各社の大きな流通センターへ送って、そこからはまた、各取次さんの作業になります」

――各取次でも同じような作業があると考えると、理屈上では最速で五～六日だが、実際には一週間から十日、またはそれ以上かかる、といったところでしょうか？

「そうですね。ウチとお取引のない書店さんから『おたくからの仲間卸しと聞いたんだけど、いつ来るのか』と問合せをいただくこともあるのですが、当社としてはお答えのしようがありません、としか申し上げられなくて」

――確認になりますが、太洋社に在庫がない本を太洋社が取引する書店に送るとしたら、書店への着荷は何日後でしょうか。

「たとえば月曜に受注したら、その週のうちには必ず着きます、というところでしょうか。ただ、とにかく着荷が遅い、客注も着くまで二週間はかかる、といった問題がずっとあったわけですが、取次各社は、かなり改善してきたと思います。ただ漫然と、従来どおりにやってきたわけではない」

――纐纈さんは、「トランスビュー方式」をどう評価していましたか。

「工藤さんが法藏館で営業を経験されていて、流通を理解しているのは大きいですよね。代行を頼む出版社さんが増えているのも、そこが安心できるからでしょう。ただ、点数の少ないうちはいいですが、これからもっと取り扱いが増えたら、やはり大変なんじゃないでしょうか」

――「見計らいの委託配本をしない」「書店の自主的な発注を待つ」という方針についてはどう考えますか。

「それ自体は、出版社と書店で取り決める『指定配本』と、あまり変わらないんじゃないでしょうか。ほかに、出版社さんの意向をうかがいながら行う『ランク配本』(販売実績などから書店のランクを決め、これに従って配本される)や『事前発注』(新刊の刊行前に、書店から注文を募る)などもある。もちろん、これらも書店さんにとって希望の部数が入らないといった問題はあるわけですが、私は本質的なところは同じだと理解しています」

――見計らいの配本をやめて、指定配本や事前発注だけでやっていけば、取次ルートもトランスビューのような低返品率になるでしょうか。

「返品の問題については、書店さんが『これは売ろう』と意思をもって注文するのと、ただ慣習でやっていて書店さんもなんとなく送られてくる感覚になっているのとでは、かなり違ってくると思います。トランスビューさんの場合は、書店がわざわざ自分で取り寄せるという仕入れ方になるし、とくに品揃えに対してこだわりのある書店さんが注文する。そういう書店さんは、単純に売上げだけを考えてやってはいないと思うんですね。志をもってやっておられるというか」

――工藤さんは、「自分の望みは取次が『トランスビュー方式』をやってくれることです」と言っていました。書店が望む本を、望みどおりの部数で、その日のうちに送る。それと、これは難しいことだとは思いますが書店のマージンは三二パーセント。これを取次がやってくれること、「トランスビュー方式」が不要の状態になることが理想的だ、と。

「私も事務所にお邪魔したことがありますが、あの規模でやっているからできることではないか、とは思うんですね。取次の場合、やっぱり取引件数や本の取扱い量が違いますし、それを処理するためには、仕入れ、営業、ロジスティクス、管理など、いくつものセクションが必要になる。それぞれのセクションがあれば、注文を受けたらその場で発送、というわけにもいかなくなる。輸送するトラックの配備も含めて、多くの業者と連携しながらやっているし、業者にもそれぞれの事情がある。いまより着荷スピードを速めるにはトランスビューさんと同じく宅配業者を使うしかありませんが、そうしたらコストが上がります。理由を挙げればキリがないですが、現実には取次がトランスビューになるのは難しいのではないでしょうか。

書店さんも出版社さんも、なぜ取次はもっとうまくやってくれないんだ、と思っておられるわけですが、いろんな出版物を総合的に扱い、多くの書店さんに送っているのが取次なんですね。個別のご要望に応えきれないことは、どうしても出てきます。そこを理解されたうえで、なお扱いに不満があるのなら、ご自分でやるのがいいと思います」

――逆に、トランスビューがいまの方法のまま取次の規模になるのも難しい？

「私は、そう思いますけども。本といっても、いろいろありますよね。購買だけが目的ではなく、待ち合わせや暇つぶしで来店されるお客さんの目にもとまるようなベストセラーや一般的な本、雑誌もある。出版社さんが少部数でも志をもって出し、書店さんも、これは世の中に必要だ、売ろう、と信念をもって仕入れて、売る本もある。どちらも必要だと思いますし、トランスビューさんの方法は、やはり出版社さんと書店さんが、志でつながるものだと思う。書店の自主的な発注というのも、これがあるから成り立つ」

――人文・社会科学系の、ああいうタイプの本だからできる？

「もっと内容的に軽いタイプの本だと、難しかったのではないでしょうか。トランスビューさんに取引代行を頼んだ出版社さんも、やはり志を感じる本が多いですよね。きわどい本、たとえば成人向けのような本もない。でも、ウチはそういう本や雑誌も扱ってきましたから」

――工藤さんは、取引代行を引き受ける基準について、「書店が売りたいと思ってくださる本であれば」という説明をするのですが、「売りたい」が「志を共有できる」という意味だとしたら、範囲はむしろ狭いものになってきますね。

「トランスビューさんに取引の代行を委託される出版社さんもどんどん増えているわけですが、ずっと一緒にやっていく人は工藤さんのなかで限られてくるのではないか、と思ったことがあります。はっきりした根拠があるわけではないのですが」

――最後に、二〇〇一年の口座開設について仮の質問をしたいのですが、纐纈さん以外の人が窓口だったとしても、太洋社の判断は同じだったと思いますか？

「なんともいえませんが、違ったかもしれませんね。私は当時、まだ仕入部に来たばかりで、新規の取引を開いたのは、トランスビューさんが初めてでした。もう、はじめから口座開設ありきで話を進めましたし、私もけっこういいかげんなところがありますから、あまりあれこれと考えなかった。話を受けた人がしっかりしたタイプだったら、むしろ通らなかったかもしれないですね」

――纐纈さんが窓口だったことは、トランスビューにとってついていた？

「うーん、まあ、どうでしょうか。すでに築きあげられた仕組みに乗っかることは誰にでもできますが、一から仕組みをつくることは、誰にでもできることではないですよね。工藤さんの話を聞いて、それは思いました」

第三章の終わりに、「トランスビュー方式」は最小規模の出版社を興そうとしているすべての人にとって有効なのだろうか？　と問いを立てた。

判断を読者に委ねることを前提として、私見を述べる。

控えめにいっても、大いに参考になる方法であることは間違いない。同社に「取引代行」を託すことも選択肢のひとつだろうし、自ら流通・販売を手がけようという人にとっても、工藤の方法から採り入れられることは多いはずだ。

いっぽうで、彼の方法を細部に至るまでそっくり真似る必要はないし、それは無理である、という印象も受けた。

たとえば、82頁に書いた「チョキン！」に表れる合理性を、単純に「正解」とするのは短絡的である。すぐ隣に、小さなハサミでチョキチョキチョキ……と切ることをやめない人がいたとしよう。その人が「私はこのハサミを使うことが自分の仕事にリズムを与えるうえで大事なのです」というなら、それが正解なのである。

工藤が編みだした手法のなかには、彼自身の閃きや感性によって選択、実行されてきたことも多く、行動のすべてに周到な裏づけがあると考える必要はない。流通や販売の在り方も、「こうしなくてはいけない」という規則はなく、個々のセンスも活かして成立させるもの――「トランスビュー方式」が教えてくれるのは、言論や出版がそうであるように「流通・販売」にも自由がある、ということだった。

ただし、そのセンスを支えるのは理念である。工藤自身は「私が提供しているのは『方法』であり、『道具』です」と理念を語ることを極力避けるところがあるが、彼の方法に一貫性があるのは、すべての判断がひとつの理念に基づいているからである。

個々の本屋と、いかに納得しあえるかたちで向き合うか？

本屋の存在を信じることに、「トランスビュー方式」のすべてがある。言い換えれば、もし彼が本屋を信じられなくなるときがきたら、その流通・販売方法は根本から大きく変わることだろう。

本屋を信じる――これに共感できない人、「出版社がつくった本を売るのは本屋である」ということが正直なところ腑に落ちない人にとって、「トランスビュー方式」はまったく無効である。そして客観的にいえば、本屋を信じられないという人を、僕はまったく否定しない。なぜなら、書店はもう二十年以上、数が減りつづけている。この流れは、取次ルートにおける流通・販売方法を改善するとか、工藤がいう「トランスビュー方式」が全体に活かされるようになるとかいったことでは、せき止められない可能性がある。

書店が減っている原因は様ざまで、すでに書いたように大手取次のシェア争いによる過剰な出店でそもそも書店数が多すぎたことなど業界内にもあるが、どう考えても最大の理由は、メディア革命と、これに伴う生活習慣の変化だ。雑誌メディアの果たしてきた役割の多くはスマートフォンやパソコンに移り、インターネットの普及によって「情報は即座に、無料で得るもの」という感覚が人びとに浸透した。書店はあきらかに、かつてほどは世の中の多くの人にとって不可欠の専業小売店ではなくなった。人間が情報を求める気持ちはなくならないが、そのためには書店へ行って本を探さなくてはいけない、と発想する人は減っている。

こうした状況で、当面はアマゾンなどのインターネット通販、まだ来店客数の多い都市部の大型書店、残る一部の売上げ好調店に意図的に配本を集中させつつ、インターネットで流通させる電子出版の開発に活路を見出そうとするのは、けっして不自然ではない。そのような対応にリアリティを感じる人にとっては、書店に「売らせる」のではなく書店が自発的に「売る」ことを支えるのが「トランスビュー方式」であるといわれても、そうすればウチの売上げは右肩上がりになるのか、と反論したいのが本音であろう。

コスト意識と合理性が端々に行きわたっている「トランスビュー方式」のいちばん底にあるのは、主体性をもって本を選び、仕入れ、売る「本屋」の将来を信じる、という賭けの姿勢だ。いまのところ、これは立証不可能な空想である。

その賭けを自分もやってみたいという人にとっては、「トランスビュー方式」はかっこうの模範となるのではないか。

もっとも、あらたまって「あなたは本屋を信じますか？」などと問うまでもなく、直取引で出版業を営むうえで最重要の取引先は書店である。

はじめから数万部、数十万部を市場に投入することを宿命づけられた本、そのような出版を前提とした事業形態は別として、多くの本は二〇〇〇部、三〇〇〇部といった限られた部数で刊行される。数千人に読まれる価値のあるものだということは世間に知られておらず、それをまだ見ぬ読者に知らせ、手渡そうとする仲介者の存在が不可欠になる。「ウチの店ならこの本を買う人が三人はいるだろう」「あの人はこの本を欲しがるだろう」という読みができるのは、各地にいる書店主や書店員である。販売のプロである彼ら本屋の営為が、二〇〇〇部の本を二五〇〇部に伸ばしたり、ときには数万部に成長するきっかけとなることもある。

本屋のほうは、出版社からの直接の仕入れにどう対応しているのか。

第七章
書店にとっての「直」

アマゾンとの付き合い方

多くの書店は、本を取次から仕入れるいっぽうで、出版社との直取引でも仕入れをしている。

二〇一五年九月、紀伊國屋書店が村上春樹の新刊『職業としての小説家』（スイッチ・パブリッシング）の初版一〇万部のうち九万部を直接買い取ると宣言して話題になった。しかしこの一件は、仕入れ部数の独占性や、紀伊國屋書店が取次に卸し、さらに取次から全国各地の書店へ卸すという流通方法が珍しかったのであって、出版社から直接仕入れたことじたいが〝事件〟だったわけではない。紀伊國屋書店はもともと直取引には積極的であり、定期的に稼働している出版社などの取引口座は、出版物だけで数百にのぼるという。雑貨など本以外の商品も含めれば、その数はさらに膨大になる。

紀伊國屋書店ほど手広くおこなっていなくても、トランスビュー（取引代行をしている出版社を含む）と定期的に精算書のやり取りをしている書店だけでも全国に二二〇〇店舗ほどがあり、ここには全国あるいは地域でチェーン展開をしている書店の大半が含まれている。トランスビューの経験では、同社が「直取引」であることを理由に仕入れを断ってきた書店チェーンは、数店舗ほどの小規模チェーンも含めて一〇社に満たない。昔ながらの小さな書店などは、精算や返品などの手間が増えるのを嫌って避けることもあるが、こうした個人店でも近年に立ち上げられた店は古書や雑貨の扱いも多く、出版社からの直接の仕入れには慣れている。

全国に一万店舗余りあるとされる「新刊書を販売する書店」のうち、「出版社との直取引OK」が何割を占めるかという統計データはないが、基本の初版部数が数千冊となる最小規模の出版社を書店との直取引でやっていきたいと考えたとき、それがじゅうぶんに可能なだけの店舗数は存在するといってよいだろう。

もちろん、書店数はもう二〇年以上にわたって減少しつづけており、この傾向はまだ続くと考えたほうがよい。その変化に対応するためには、取引先として何百店舗を確保しておけば何千冊売れる、といった市場の捉え方をするよりも、トランスビューのように一つひとつの書店と個別に向き合うことを積み重ねていったほうが、その進行をリアルタイムで感じられるし、必要な対策も考えられるのではないかと思う。

個々の書店と向き合うといえば、現在もっとも多くの本を売るアマゾンを販売先としてどう捉えるかは、出版業を営むうえで避けて通れないテーマである。

アマゾンも、日販、大阪屋（現・大阪屋栗田）などの取次から本を仕入れることを基本とするいっぽうで、直取引も積極的に進めてきた。二〇一五年にＫＡＤＯＫＡＷＡグループなどの大手数社がアマゾンとの直接取引を始めたことがニュースになったが、これも目新しい出来事ではなく、二〇〇六年に個人や小規模出版社から本を直接仕入れる「e託販売サービス」を立ち上げるなど、アマゾンはかなり以前から直取引を広くアピールしてきた。現在も、出版社を集めて説明会を開くなど積極的な利用を呼びかけている。卸すにあたってアマゾン側が提示する掛け率は、本体価格の六〇パーセントであったり六五パーセントであったりと、出版社や商品、あるいは時期によって変わるようだ。買切りか委託かといったその他の条件についても流動的であるらしい。

トランスビューの場合は、この「e託販売サービス」を利用せず、二〇〇三年から大阪屋を経由してアマゾンに卸している。直取引メインの出版社でありながら、これを積極的に進めたいアマゾンとの直取引は回避しているのだ。

工藤は、二〇〇一年の創業当初、日本版サイトのオープン直後だったアマゾンにも直取引の相談に行ったが、当時は取次から仕入れたいと断られたという。現在は、書店に卸す場合と同じ条件でアマゾンが了解するなら直取引をするつもりである。

販売シェアが高く、現実的には書店と競合関係にあるアマゾンといかに向き合うか？どの出版社も抱えるテーマだが、トランスビューは、アマゾンがC to C（個人同士）、B to C（古書店など企業から個人へ）の商取引の場として展開する「マーケットプレイス」に〝出店〟して、自社の本を定価＋送料で販売している。販売しているのは、アマゾンのウェブサイト上におけるトランスビューの本の在庫ステータスが「在庫なし」あるいは「入荷まで二～四週間」などとなっている本である。

これは、どちらかといえばアマゾンに対する自衛措置を目的にしている。というのも、出版社には在庫があるのにアマゾンでは「在庫切れ」と出てしまう、という事態がよく起きているからだ。日本版サイトが開設して以来の出版社の不満のひとつで、かつては抗議がなされたこともあったが、入荷日を約束できないものは「(当社では)在庫切れ」にすると方針をはっきりさせているアマゾンは、顧客に対して誠実であるともいえる。

この「在庫切れ」に対して、トランスビューは「マーケットプレイス」の「新品」の欄に社名をだして登場し、《発行元の出版社・トランスビューの物流センターから出荷いたします。コンディションは、一般の書店等へ出荷される商品と同等です。》とアピールしているのだ。これなら、アマゾンでの購入を希望し、なおかつ「新品」で欲しい読者を待たせないという最低限の目的は果たせる。また、文面からは「近所の書店に在庫があれば、送料もかからず早く入手できます」というニュアンスもにじむ。

「マーケットプレイス」のコーナーは、アマゾンが直接扱う新品よりも表示が小さく、しかも「中古品」と「新品」を比較するかたちで並んでいるので、このトランスビューの対策がさほどの売れ行きにつながるわけではない。だが、アマゾンの在庫表示の方針に文句を言うより、流通事情による遅れなど自力でカバーしてしまおうという工藤のアイデアは合理的だし、直取引の出版社ならではの柔軟性もうかがわせる。

アマゾンから話を戻すと、長い歴史をもつ永岡書店、あるいはディスカヴァー・トゥエンティワン、トランスビュー、ミシマ社、アスク出版など、書店の間でも広く認知されている直取引出版社の存在や、もっと個人的に制作された出版物を扱ってきた経験も重なっているなかで、多くの書店は、新しく出版社をはじめた人から直取引を持ちかけられたとき、それを受け入れるノウハウをもっている。

だから、なんの予備知識もなく目の前にある書店へ飛び込んで、私はこんな本をつくりました、ぜひ仕入れて、売ってほしい、と愚直に正面突破を試みるのも、まったくの無駄ではないだろう。そのときフィーリングの合った書店こそが長く付き合える相手なのかもしれないし、出版とは（とくに若い人が始める場合は）、そんな無鉄砲な熱意を抱えて始めるものではないだろうか。

そのうえで、あえて書店から見た直取引の現状や課題、出版社への要望なども知っておきたい、というのが本章の目的である。

ここでは、大阪の「本は人生のおやつです!!」、京都の「誠光社」、全国四五店舗の中小書店による協業グループ「NET21」の三書店に聞いた。

この三書店を選んだ理由は、これまで僕が取材してきた範囲において、直取引の現状と今後を考察するためにもっとも参考になると判断したからである。

本は人生のおやつです!!——出版社に願うこと

「本は人生のおやつです!!」、通称「本おや」は、二〇一〇年八月に大阪市北区の中崎町で開店し、二年目に現住所の堂島へ店を移した、古本と新本、雑貨の併売書店である(※なお、本章では「古本」との区別をわかりやすくするために、「新本」と「新刊」、二つの言葉を用いる。「新本」は、刊行年にかかわらず出版社から直接仕入れる「新品状態の本」のこと、「新刊」は、新本のなかでも「刊行されたばかりの本」を指す)。

店主の坂上友紀《さかうえゆき》は一九七九年生まれ。数社の書店での勤務経験をへて、自分の店を開いた。はじめは取次に口座を開いて新本を専売する書店を目指していたが、それには相応の信任金(保証金)が必要であることなどを知って断念し、出版社から直接仕入れる方法をとった。

新本の品揃えの特徴は、いわゆる大手出版社の本が多いことである。

本おやは、開店時の中崎町の店は三坪ほど、現在の堂島の店も一〇坪ほどの小さな店だ。たまに家族の手を借りることもあるが、アルバイトは雇っておらず、ふだんは一人で切り盛りしている。

この規模の店の場合、新本は直取引に積極的な一部の小規模出版社の本や、個人がつくったミニコミ誌などを扱う程度に抑えることが多いが、本おやの棚には、講談社、小学館、新潮社、文藝春秋、幻冬舎、筑摩書房、河出書房新社……など、大手や中堅規模の有名出版社から仕入れた本が目立つ。なかには、書店との直取引には消極的と思われる出版社の本もある。

なにか特別なコネをもっているわけではない。売りたい本があれば、まずは出版社の代表番号に電話をかけ、そちらの『○○』という本を仕入れたいと要望を伝えることが多く、この正面突破の繰り返しで取引先を増やしていった。大手出版社が多いのは、坂上が好きで、得意でもあるのが時代モノなどの小説、あるいは民俗学で、訪れる客たちも自然とそれらを好きな人が多くなっていったからだ。目当ての単行本小説や学術文庫を一つひとつ仕入れるうちに、いまの棚が出来上がっていった。

逆に、全国の小さな書店の売場で目立っている直取引に積極的な出版社の本、たとえば夏葉社やミシマ社などの本を置くことはすくない。

理由は、同店の立地だという。本おやは、開店時は梅田を中心とした〝キタ〟と呼ばれる大阪の中心街からやや外れた中崎町にあったが、現在の堂島の店は地下鉄の梅田駅、JR大阪駅からも徒歩圏内で、周辺には大小様ざまな書店が林立している。

「たとえば夏葉社さんなんて個人的には大好きな本もあるんですけど、そういう本は、すぐそばのジュンク堂さん(ジュンク堂書店大阪本店)をはじめ、周りの大きな本屋さんが丁寧に揃えて、売ってはるわけです。それよりも、絶版ギリギリの、でもエエ本、大きな書店さんでも目立たせてないような本を、なるべく扱いたいと思っています」

この話からわかるのは、「小さな出版社を始めたら、同じような思いで始めた小さな書店は好意的に仕入れて、頑張って売ってくれる」と思い込むことの誤りである。心情的に共有できる面は多いかもしれないが、店にはそれぞれの立地や客層の特性、得意分野などがあり、これに合致する本であったときに、はじめて「売りたい本」になるのだ。

日々の営業のなかで、本おやは出版社との直取引をどのように成立させているのか。

新刊が自動的に配本されるような契約をしている出版社は、ひとつもない。客に仕入れを頼まれた本、売りたい本があると、電話やメールなどで出版社に相談する。はじめて取引をする出版社には、まず条件を訊ねる。「書店に直接卸す場合の掛け率」「送料をどちらがもつか」「仕入れ代金の支払い方法と期限」などだ。「一度の注文で何冊以上」または「何円以上」など、付帯条件のある出版社も多い。

やがて、発注した本が店に届く。箱を開けて、届いた本のタイトルと冊数が注文どおりのものか、納品書の記載内容とも合っているかをチェックし、次に本の状態を見る。傷がある、汚れているなど問題があった場合は、写真に撮ってメールなどで伝え、出版社の着払いで送り返し、交換してもらう。とくに一回目の取引のときは、はっきり伝えるようにする。本おやのような古本と新本の併売書店の場合、古本との商品特性の違いを示すためにも新本の状態が良好であることはとても大事だからだ。「面倒な本屋と思われてるときもあるかもしれませんが、かなりこだわります」。

新本はすべて、届いたら即座に陳列する。在庫としてストックすることはほぼない。新本を扱う書店の多くにとって品出しと商品陳列は時間を要するものだが、本おやではさほどかからない。これと決めた本だけを発注しているので、多い日でも二〜三箱というところである。毎月の仕入れ金額などはとくに決めておらず、古本の買い取り状況などによっても変わってくるが、三万〜五万円程度になる月が多いという。ここには、客の要請で毎号を仕入れている雑誌も含まれる。

届くと即座にすることのもうひとつが、パソコンへの入力である。入荷した年月日、タイトル、出版社、冊数、仕入れ条件、その他の補足事項を表計算ソフトのエクセルに打ち込む。売れた場合も、その期日などを記録しておく。客から買い取る古本でも、同じ作業をしている。こうしたデータの作成や更新はすべて手打ちで、本に印刷されたバーコードを読み取ると自動的にタイトルなどがパソコンに表示される、といった小売店専用の機器はいっさい使っていない。

それぞれの出版社との取引条件は、どうなっているのか。

もっとも多いのは、「八掛け、買切り」「送料は出版社負担」だという。いわゆる大手出版社の多くはこの条件であるといえそうだ。トランスビューの基本条件である「七掛け、委託（返品可）」と比べ、書店にとって厳しい。通常は取次ルートで書店へ本を送っている出版社からすると、これよりも卸値を下げると直取引のほうが書店にとって好条件になってしまうからだ。ただし、すべてが八掛けというわけではなく、取次ルートが基本の出版社であっても「七・五掛け」や「七掛け」で仕入れられる場合もあるという。

また、ほとんどの出版社との取引は、注文するときの付帯条件がある。「一回に一万円以上（あるいは二万円以上）」「一回に文庫なら二〇冊以上、単行本なら一〇冊以上」「一タイトルにつき五部以上」「合計で一万円以下の発注の場合、送料は書店側の負担」などだ。基本的には、先方からいわれたルールに従っているという。まず、買切りにさほどの抵抗はない。もともと古本の仕入れは買切りだし、新本もそのつもりで仕入れている。ときには卸値を「九掛け」といわれても受け入れる。過去には「九掛け」のうえに「送料もそちらで負担してください」といわれたこともあり、これはさすがに仕入れなかった。

出版社の提示する条件をそのまま受け入れる理由のひとつは、発注のほとんどが客の要望を受けてのものであるために、自分が交渉を長引かせることで着荷が遅れるのは避けたいと考えているため。もうひとつは、すでに古本の販売に軸足を置くようになったからだという。

はじめは、新本を中心にした書店を開きたい、そのためには取次とも口座を開設したい、と考えていた。出版社から直接仕入れることになっても、しばらくは新本を扱うことにこだわった。「小さいながらも出版業界に直接、売上げで貢献したいという気負いがあった」

と話す。

当初、棚の構成比率は「新本七割、古本三割」だった。だが、粗利益率が二割の新本が売場を占めている限り、運転資金の確保は困難だった。周囲の勧めもあって古本も仕入れていくうちに、客の求めに幅広く応えられる古本の良さを知った。自身も、昭和初期の小説など古本でなければ手に入らない作品群に、店を始めたころ以上に魅力を感じるようになった。新本を扱うことへのこだわりは次第に弱まり、いまでは「新本三割、古本七割」の構成比率に逆転した。

だから、新本を減らした理由は粗利の低さだけではない、と坂上は言う。ただ、もし出版社側がこうした小さな新規書店の熱意を歓迎し、積極的に売れるような条件や態勢を整えていたら、いまの本おやの棚構成は、また違ったものになったのではないだろうか。

仕入れ代金の支払いは、出版社側からの指定がない限り、着荷の翌月に済ませるようにしている。溜め込むことで負担感が増すのは避けたいからだ。

出版社に望むことはあるだろうか？　たとえば、トランスビューが提示する「七掛け・委託」「即日に出荷」の基本方針をどう思うか。

「売る側のことを考えてくださってる出版社さんは、基本的にはすべて、ありがたいです。そのうえで、いまの私にとっては、すごく重要！　絶対必要！　というほどの条件ではないかもしれません。たとえば委託と買切りは、私はどっちでもいいです。はじめから売り切るつもりの本しか入れませんから。それと即日出荷も、私の店はのんびり待ってくれるお客さんが多いので、一刻でも早く、とまでは思いません。新本の掛け率のことも、もう古本に馴染んでいるお客さんが中心なので、あまり細かく考えなくなりました。すべての出版社さんが七掛けにしてくれたら助かりますけど、それ以上に大事なのは、ウチにとって売れる本かどうかなので」

「それよりも出版社さんに強くお願いしたいのは、本の状態です。古本がメインなので、新本はなるべくきれいなものを棚に置きたい。ところが、個人で雑誌をつくってはる人なんかで、ビニール袋にそのままポンと入れて送ってくるだけとか、すごく雑な場合があります。折れ曲がったりしないように、気を遣って送ってほしい。名のある出版社さんでも、きちんと梱包されてるところとかなり雑なところ、じつはわかれます。詰め物が入ってる意味が全然ないユルユルのとか、ときには靴跡がついた本とか、平気で送ってこられる場合もあります。同じ出版社でも、前はちゃんとしてくれたのにその次は雑やったり、作業する人によって違うみたい、ということもあります。段ボール箱も梱包材も、べつに特別なものじゃなくていいんです。本が傷まないように気遣ってくださってるかどうか。

ある出版社さんが、ほんまに酷くて……でも、言っても『そうですか？』と不服そうで、腹が立って言い争いになってしまったことがあるんです。そこまでの経験はさすがに一社、二社くらいしかありませんが、『きれい』の水準があまりに低すぎる出版社さんは、私どうしても許せなくて、お付き合いできません」

「似た話になりますけど、『いい本をつくってください』とお願いしたいです。内容の話じゃなくて、製本の状態のことです。ノリの固まったのがはみだした本とか、返品の後の改装で削るのを前提にしてか、最初からカバーと本体の高さが大きくズレてる本とか。これはもう、出版社によってはっきりしています。いまの時代にモノとしての『本』をつくってることに、最低限のこだわりはもってほしいんです」

かなり強い調子で述べた後、古本が中心ということもあるし、あくまでも私の場合はということです、絶版間近の古い本だと仕方のないときもありますよね、とつけ加えた。

いまの時代に小さな書店を始める人は、彼女のように「本」への愛着の強さが営業をつづける動機となっていることが多い。今後、この傾向はますます強くなるだろう。本の状態へのこだわりについては、日本版サイトを開設したころのアマゾンも、取次に対して徹底した姿勢を見せたという話を関係者から聞いたことがある。微細な傷や汚れでもアマゾンから送り返されるため、取次の担当者はかなり神経をすり減らしたという。

もうひとつ、彼女が話したのが「編集者や営業の方に、お客さんからの反応を伝えたい」というものだった。吟味して仕入れたその本を、どんな人が買ったか。読んだ後、どんな感想を聞かせてくれたか。事務的な手続きにとどまらず、一冊が売れるたびにそれらを伝えられるような繋がりをもっていたい、という。

書店は、立地、客層、店主の性格などによって品揃えの特徴が異なる、個別性の強い小売店である。近年の小さな店は、そのこだわりがより深くなっている。書店をとおして本を売るならば、この個別性と向き合う発想とノウハウが必要になる。

誠光社——彼に似ている男

二〇一五年十一月に店舗を開いた京都の誠光社は、その準備段階から大いに注目を集めた書店である。

店主の堀部篤史は一九七七年生まれ。同じ京都にある恵文社一乗寺店の店長を一三年にわたって務めた後、独立した。恵文社一乗寺店は、雑誌などのメディアが〝おしゃれ〟で〝個性派〟の書店やブックカフェを特集するとき、常に筆頭に挙げられてきた一店である。実際に店を訪れると、本にせよ雑貨にせよ、一つひとつを丁寧に選び、提案することへのこだわりが売場の細部に至るまで感じられた。また、店内にいると、その外観や並ぶ商品の魅力以上に、本を開き、熱心に眺めている客の多さが印象に残った。「この店が選んだものを信頼し、楽しむ」という意識を客にもたせるのは容易ではないが、恵文社はそれを実現していた。

その立役者であったといえる堀部が独立し、自ら店を開いたことに関心が集まったわけだが、もうひとつ業界内で注目された理由は、誠光社がオープンを宣言したときから、出版社との直取引で仕入れる新本を品揃えの中心にする、と掲げたことにあった。

二〇一五年九月、店舗のオープンに先駆けて開いたウエブページには「誠光社について」と題したコーナーがあり、そこにはこんな文章が綴られている。

《「街の書店」についてこれだけの言説が飛び交う中、なぜ新たに本屋が生まれないのでしょうか。その理由のひとつに、流通を一手に取り仕切る大手取次店との契約が困難なことや、その流通上の問題から新刊書の販売利益がごくわずかしかないという、構造矛盾があります。脱サラをした書店員さんが新刊書店を立ち上げるにはあまりにも高い障壁が目前にそびえ、それを乗り越えたとしても、本という商材だけではとても経営が成り立たないのが現実です。》

《誠光社は本屋の新しいあり方を提案すべく始めた、ささやかな実験でもあります。できるだけ出版社さんから直接本を仕入れ、双方の利幅を確保する。最小限の規模で、できるだけ店主が選書も店番も取引先とのやりとりも行う。》

《姿形はこれまでに親しまれてきた街の本屋でありながら、経営のあり方はこれまでと

一線を画する。そうして出来た店が、これからの当たり前の本屋であることを願っています。》

《誠光社の試みが広く認知され、同じスタイルの本屋が全国に百店舗できれば、薄暗くなりつつある街も少しは明るくなるはずです。今回の試みはできるだけオープンにし、本屋を志すみなさんと共有し、参照できるよう発信するつもりです。》

最後は、《この試みに賛同し、われわれと直接取引をしてくださる版元さまを募集しております。》と結び、文章と併せて、誠光社との直取引に応じた出版社、出版流通会社、協力企業や協力者の名を列挙している。

勇ましく、時宜を得た宣言文である。「新たに本屋が生まれない」という一節は誤解を招くかもしれない。雨後の筍のごとくとまではいかないまでも、本おやのように古書を中心とした書店やブックカフェを含めれば、本屋はいまも生まれている。

だが、新本を中心とする小さな書店が生まれにくくなっていることはたしかだ。出版業界は、本が売れない、このままでは先細りだ、と嘆きながら、新しく本屋を始めたいという個人を歓迎し、支えてゆく方法を整備していない。とくに業界のリーダーシップをとってきた出版社や大手取次はこれまで、この課題に対して無策だった。

誠光社は、こうした状況で出版流通の抱える問題に正面から切り込み、次の本屋のあり方を体現しようとメッセージを発している。もっとも堀部にとっては、はじめにメッセージありきではなく、「これからの新本中心の書店の方法」を模索したとき、出版社との直取引は極めて自然な選択であったという。多くの出版社がいまも取次ルートを基本と考えている現状に対し、こうした宣言を打ちだすことで意識の変化を促そうとしているのだ。

継続可能な書店の利益構造について、彼はどう考えているのだろうか。

「かつてなら一〇万部は売れた本が、一万部しか売れなくなった。これが出版不況といわれるものの内実です。二〇〇〇部、三〇〇〇部を発行する本は、以前から多くあった。それらはきちんと流通すればいまも妥当な部数が売れるはずだし、現に売れている。出版社は、きちんとつくった三〇〇〇部の本を、それを売れる数百の書店に売ってもらえばいい」

「ただしこれからの書店は、粗利が二割では絶対にやっていけない。かつてのように売上げが右肩上がりとはいかないなかで、二割ではわずかな運営資金も蓄えられない。書店が三割をとること、これは必須です。もちろん、出版社も利益を確保しなくてはならない。だったら、出版社と書店は直接の取引をもっと広げたほうがいい。自然な話です」

恵文社一乗寺店での経験が、この発想の基になっている。

かつて堀部は、店が客より上の立場から商品を押しつけている、あるいはおしゃれを気取っているといった否定的なニュアンスで捉えられることもある「セレクトショップ」という言葉について「本来、すべての店はセレクトショップである。自店に並べる本は自分で選ぶ。当然のことだ」と持論を述べている。本屋としての矜持が伝わってくる言葉であり、たしかに恵文社は、それを売場で体現していた。

だが、この言葉を収益面の課題まで含めて立証するのは、容易なことではない。オリジナル商品を含む多彩な雑貨やイベントなど、本以外の商品で利益を確保していたのが実情だったという。

「これでは、本屋をやりたい若い人が入って来ても、どうしても本以外のものを売ることに時間を奪われてしまう。はっきりいえば、粗利が三割でも余裕があるとはいえない。でも、従業員を雇わずに一人でやる、または家族に手伝ってもらう程度の規模であれば、なんとかやっていける。『書店の粗利は三割』をパブリックにしたい」

「粗利が二割ではやっていけない」というのは、書店が長年にわたって抱え続ける問題である。売上げの一割が家賃や光熱費、もう一割が人件費に消えてしまうというのが店舗経営の常道とされ、これらを支払うと会社に利益は残らない。現金の蓄えがなければ店の改装などもままならず、資金面で次第に追い込まれていくことを避けられない。見込みより売上げの乏しい月がすこしでも続くと、あっさり赤字基調に陥ってしまう。その後に売上げが持ち直しても、やはり毎月の固定費に充てるのに精いっぱいで赤字を取り戻すことができない。そこで、当面の危機回避策として取次などへの支払いを遅らせる、取次に過剰な返品をして支払額を減らす、といった措置をとる。本が「資金繰りの道具」になってしまい、本屋としての本分から外れていく。

「これからの当たり前の本屋」は、こうした構造から脱却したところで切り盛りしなくてはいけない——堀部はそう考えている。

彼が考案した仕入れ条件、継続可能性のある書店のモデルとは、次のような内容だ。

出版社には、「卸値は定価の七掛け（＝誠光社の取り分は三割）」「初回の仕入れ分は委託で、三カ月ごとの実売精算（＝その間に売れたぶんの仕入れ代金だけを支払う）」を要請する。初回の仕入れぶんを実売精算にするのは、まだ収入のない開店直後、あるいはその翌月に、数千冊に及ぶ初期在庫分の支払いをするには資金が乏しいためである。そこで、初回ぶんだけは三カ月ごとに売上げ報告をおこない、その間に売れたぶんの仕入れ代金だけを支払う。一年が経過する時点で残った在庫分については、誠光社が買い取るか、全部または一部を返品するかを決める。また、一年が経過する前に在庫が売りきれ、追加発注をする場合は買切りで仕入れる。これについては、仕入れた翌月の二十日に支払う。

ところで、「出版社から委託で仕入れた初回の仕入れぶん」とは、どのくらいあったのか？　つまり、「開店時の仕入れは実売精算」というアイデアは、誠光社の開店にあたって予算の面でどれほどの助けになったのか？

堀部は、「概算で五〇〇万円弱でしょうか。でも、間違っているかもしれません。実売精算にできるという時点で初期費用のかからない仕入れですから、計算していない。そもそも、売場の総在庫冊数や金額も把握していません。もちろん、決算にあたっては棚卸などをしなくてはいけませんが、それを常に把握しておく意義を感じない」という。

書店の場合、一坪当たり数十万円といった在庫金額の基準があるといわれる。もちろん絶対的なものではなく、店によっても違うし、ひとつの店舗内においても、高額の本が多いジャンル、低価格の本が多いジャンルなど、コーナーによっても変わる。ただ、売上げや利益を生みだす基となる商品在庫量を把握しておくことは大事である、と一般的には考えられている。

誠光社の売場面積は一九坪。堀部は、「一〇〇坪以上となれば話は別ですが、ウチの規模の場合、在庫をきちんと把握するより優先すべきことがある」という。

「私としては、この本は何部入れよう、あの本の隣に並べよう、と個別に考え、その積み上げで棚をつくっていくことのほうが大切で、全体については、ざっとこのくらいの発注で棚が埋まる、と体感的にとらえながらやっていくことに小商いの面白さがあると思っています。実際、それでオープンを迎えましたが、ほぼぴったりでした。仮にある程度の誤差が生じたとしても、面陳（面出し陳列＝本の表紙を見せるかたちで棚に置く）にする本を増やしたり減らしたりすることで調整すればいい。

いい加減な話に聞こえるかもしれませんが、これだけ売るには在庫金額は何円、といったことより、本をお客さんに伝えることに精力を傾けたいし、それで成立する店をやりたかったのです」

本屋が自店の本をセレクトするのは当然のこと——堀部は誠光社を立ち上げることで、かつて語ったこの言葉を、店舗運営においても通用させようとしている。出版社との直取引で目指す「粗利三割」も、これを支えるためにあるのだ。

いまのところ、誠光社に対する出版社の反応はまちまちである。

トランスビューやミシマ社のように直取引を基本としている出版社にとっては、とくに問題のない要求だ。即座に取引を始められる。開店時、誠光社のウエブページ宣言文と併せてあげられていた出版社は二六社だったが、二〇一六年三月末時点では四〇社に増えている。もっとも、その多くは、取次ルートで書店に本を送っていても、もともと直取引への対応にも柔軟と思われる出版社が目立つ。

問題は、大手あるいは準大手の出版社である。本おやの項で紹介したように、それらの出版社の多くも直取引そのものには応じるが、条件については「八掛け・買切り」というところが多い。いまのところ、そうした出版社で堀部の要請に応えたところはわずかなようだ。そのなかには、「初回仕入れ分の委託」はOKだが「七掛け」では卸せない、という回答で、掛け率については堀部がいったん妥協したケースも含まれる。

そもそも堀部は、まだ大手出版社のほとんどと交渉の席についていない。恵文社の退職と自店のオープンが当初の予定より早まったこともあり、準備期間中、出版社との交渉にじゅうぶんな時間を割けなかったためだ。それらの多くは、まずは「子どもの文化普及協会」という卸業者から仕入れることにした。児童書の出版や専門書店の運営で知られるクレヨンハウスがおこなっている事業で、名前から受けるイメージとは異なり、児童書、絵本以外にも幅広い出版物を扱っている。ここから、大手を含む二〇〇社の本が仕入れ可能であるという。条件は「七掛け・買切り」で、堀部が考える原則にほぼ適っている。雑誌については、駅などにある雑誌のスタンド販売への卸などを手がけている名古屋市の取次業者、新進から仕入れている。

なお誠光社のホームページにおいて、トランスビューは、子どもの文化普及協会、新進などと並んで「出版流通」の一社として記されている。二〇社余りの「取引代行」の各出版社の名前は記されていない。誠光社は開店時から「取引代行」出版社のうち数社の本を仕入れているが、それらの社名もない。

店は二階建てで、一階が店舗、二階は住居兼倉庫である。新本のほかに、八木書店から仕入れるアウトレット本（171頁参照）、東京・神田の古書店を通じて仕入れる古書や、洋書、雑貨も扱う。店奥にあるレジの前には小さなギャラリースペースもあるし、近所の喫茶店に焙煎を頼んだコーヒーも、一杯三〇〇円で出す。客数三〇人を最大とするトークイベントも開く。

それでも、メインは出版社から直接仕入れる新本である。目標の月商は店舗で二五〇万円、インターネット通販で五〇万円の計三〇〇万円。「このうち新本の売上げが一八〇万円くらい、さらにそのうちの七割くらいが七掛けで仕入れた本、というのが当面の内訳になると予算しています。子どもの文化普及協会から入れている出版社の本も、いずれは直で仕入れたい。まだ、これからです」。

小さな店ほど直にかける比重が経営を左右する、と堀部は強調した。〝本業〟である新本の売上げに絞って単純計算をすると、新本の月間売上げが一八〇万円の場合、粗利益率が二割なら実収入は三六万円、三割なら五四万円である。差額の一八万円で家賃と光熱費を捻出できれば、あとの三六万円が、そのほかの運営費用、生活費、店の今後のための蓄えに充てられていく。通例どおり粗利が二割なら、半分の一八万円でそのすべてをやりくりしなくてはならない。たしかに大きな差だ。

考慮すべきは、ここで発生する差額の一割分＝一八万円は、代償を伴うということだ。直取引である以上、取次メインで仕入れている書店であれば不要な作業を、自ら処理しなくてはならない。仕入れにあたっての条件交渉などを出版各社と個別におこなうこと、やはり出版社別におこなう精算などが、これにあたる。誠光社という書店が次世代の本屋のモデルになるとすれば、「粗利三割」に加えて、こうした日々のルーティンワークがノウハウとして共有されたときかもしれない。

もっとも堀部自身は、これを大きな負担などというつもりはない、と話す。恵文社時代から、各種の雑貨だけでなく出版物についても豊富に直接の仕入れをしており、傍からは煩雑と思われるそれらの作業を、日々、膨大に処理してきた経験をもっているからだ。

「精算業務が増えるのは面倒だ、大変だ、そういうレベルで書店の仕事を語ることは、もう終わりにしたほうがいいと思います」

堀部のこの言葉から想起させられたのは、トランスビューの工藤秀之が、事務所で書店からの注文を受け、荷造りをしていた姿である。

二人は似ている、と僕は思った。

共通点は二つだ。ひとつは、Y社時代の僕が陥りかけた「わかりやすい俯瞰」に走らず、「一書店」や「一冊」と向き合い、その積み上げが結果を生むという流れを大事にしていること。もうひとつは、これまでの業界慣習を基準にして「面倒だ」「大変だ」といわない、それをできない理由にしない、ということだ。いずれも、直取引を成立させる者たちの本質であり、これからの「本」の世界をつくってゆく人たちに求められる基本姿勢でもあるのだと思う。

二〇〇〇～三〇〇〇部の本を読者にどう届けていくかと考えたとき、「ウチで売れる」とみれば確実に五冊、一〇冊を売る小さな「本屋」が全国各地に存在することは大事である。出版社は、そうした「本屋」が継続可能な取引条件を提示すべきである――堀部の主張と行動は、筋が通っている。書店の側からこのようなリスクをとった動きが出現しているのだから、既存の出版社は書店と真摯に向き合うチャンスを与えられたと捉えるべきではないだろうか。

判断は、それぞれにあるだろう。ただし、「書店は大事だ」と言いながら、この動きを見て見ぬふりでやり過ごすのは、卑怯である。

NET21――宣言から一年

本おやと誠光社の直取引への取り組みは、「いまの時代に小さな書店を始める人が新本とどう向き合おうとしているか」を表したものである。

もっとも、近年に開店した小さな書店のすべてが、出版社からの直接仕入れを基本にしているわけではない。たとえば二〇一〇年に新潟市で開店した北書店は、取次のトーハンからの仕入れで棚を構成している（トーハンの関連会社が取引を仲介）。店内でビールが飲める、イベントを毎日欠かさず開催する、売場では商品を並べる本棚として使っている家具も販売対象とするなど、多彩な試みで集客を図る本屋B&B（東京・下北沢、二〇一二年開店）も、開店時からトーハンと口座を開設した。

大手書店のリブロを退職した辻山良雄が二〇一六年一月に開いた本屋Title（東京・

荻窪)は、日販と口座を開いた。

辻山は、出版業界専門紙「新文化」二〇一六年一月十九日号の特集記事「鼎談・『独立系書店人』が考える書店像とは?」に登場し、興味深い発言をしている。

書店が取次に口座を開くには多額の保証金が必要だ、資金の乏しい個人には難しい――一般的にはそう考えられているが、辻山は、日販との口座開設に必要な「信任金」は、《売上見込みの原価二カ月分》であるとし、同じ記事中で、自店について《(見込みの月商は)予算上は250万円強》で、このうち《日販仕入れ分で7割》としている。これに従って計算すると、辻山が支払った「信任金」は、二七〇万円前後だったことになる。

Titleが日販に口座を開くことができた理由は、出店地が青梅街道沿いにあるため取次の配送ルートに組み込みやすいこと、日販の子会社であるリブロに在籍していた辻山の仕事ぶりが認められていたこともあると思われるが、「信任金」は規定どおりの金額だという。もちろん、これでも「高い」と感じる人も多いだろうが、金額の基準が明確になったことは重要だ。取次が現在、小さな書店との口座開設に柔軟な姿勢をとっていることもうかがえる。

それでもなお、これらは全体のなかで少数派である。ほとんどは、本おやのように取次と口座を開かず(または開けず)、古書をメインに、新本は出版社から直接仕入れる方法をとっている。誠光社の場合は、「新本がメインの小さな書店」を成立させるために出版社との直取引に活路を見出そうとする、新たな試みである。また、ここに挙げた北書店、B&B、Titleなども、取次からの仕入れだけに品揃えを頼る考えはなく、本やその他の商品を直取引で仕入れることにも積極的だ。近年の新規書店の経営者たちは「取次ルートから入る本だけでは店が成り立たない」を常識としつつある。

では、従来の書店はいま、直取引についてどう考え、動いているのか？

全国二四法人（合計四五店舗、二〇一五年末現在）の小・中規模書店で組織するNET21は、二〇〇一年に加盟書店の共同出資で有限会社をおこし、それぞれに自店を経営するいっぽうで、仕入れなどにおいて協業制を敷いているグループである。

小さな書店は、「時のベストセラーなど売りたい本を満足に仕入れられない」といった悩みを長年にわたって抱えている。これを打開するために、NET21では加盟店から注文を集めてまとまった冊数を発注している。さらに、ベストセラーに限らず、大手・中堅出版社が刊行する雑誌や文庫シリーズなど、各書店には予め定められた冊数が配られることが多い商品についても、配本冊数の改定を要求できる場をつくってきた。出版業界には歴史あるものから新しいものまで様ざまな書店団体・グループがあり、それぞれに活動目標を掲げているが、中小書店の仕入れ・販売力の増強と経営向上に具体的に取り組み、なおかつ明確な成果もあげてきた筆頭が、このNET21であったといってよいだろう。

NET21では毎年の十一月末ごろ、都内ですこし早めの忘年会を開く。〝非公式〟をうたっているが、大勢の出版社、取次関係者を招く盛大なものだ。

二〇一四年の忘年会で、NET21代表の田中淳一郎(恭文堂書店、東京・目黒区)は、「これからは出版社との直取引を積極的におこなっていく」と発言した。書店経営の現状と将来性を考えると直への取り組みは必須であり自然だ、当面は数社と実験的に取り組んでいく、という内容だった。

この発言から約一年。実験の成果を田中に訊いた。

結論からいえば、目覚ましいものだったとはいえないようだ。まずは老舗の中堅出版社とタイトルを限定して試験的に取り組んだが、相手はもともと取次に卸すときの掛け率が高い、いわゆる「高正味出版社」といわれるひとつで、NET21との実験的な取り組みだからといって掛け率を思いきりよく下げるというわけにはいかなかった。「それでは、こっちとしては面白味がない。また機会を見てやりましょう、ということになった」。

その後も数社の出版社と、フェアや重点販売(特定の本を集中的に拡大販売すること)など、期間やタイトルを絞るかたちで実施した。これを足がかりに二〇一六年からは本格化……といえるほどの経験は積みあがっておらず、時間をかけて、すこしずつ広げていくことになるという。

前出の本おや、誠光社と比べると、展開が遅い。加盟書店の多くもこれまで直取引をしてこなかったわけではないものの、長年にわたり「出版社―取次―書店」の流通ラインのなかで経営してきた書店が、取次や出版社との取引関係をドラスティックに切り替えることは容易ではない。

――何年後に仕入れの何割を直取引に、といった具体的な計画はありますか。

「そういうふうに計画を立てるのは難しい。出版流通の全体がどう変わるかにもよるから。売上げの一割くらいを占めるようになれば、かなり進んだことになると思う」

――一割が直になるだけで、書店の経営向上に寄与しますか。

「現実的に可能な段階として、まずはそこを目標にするということだよね。たしかに半分くらいを七掛けで入れられるようになればかなり変わってくるが、まずは一割。出版社の意識をすこしずつ変えていくしかない」

――直取引を増やすことが必要だと考えるようになったのは、いつごろからですか。

「NET21を会社組織にした二〇〇一年には、はっきり思っていたよ。再販制度を維持するか、撤廃するかという議論が終結したばかりのころだし（※筆者註・二〇〇〇年三月に公正取引委員会が『当面は維持』と結論）、『流通・販売面での再販制度の弾力的な運用』が公正取引委員会からも奨励されていたから、直取引も歓迎されるべきだと考えていた。NET21を立ち上げた動機のひとつだったといってもいい」

――当時もいまも、本の仕入れのすべてを直にするのではなくて、取次も併行して利用しながら、という考えですか。

「そうだね。取次からも、出版社から直接でも入れられる、いろんなパターンを使えるというのがいい。そうしないと、書店はこれからほんとに厳しいと思う」

その場合、返品時にトラブルが発生するリスクはないのだろうか。たとえば、同じ本を出版社から五部、取次からも五部仕入れ、実売は五部にとどまり五部を返品するとする。返品する五部は、取次と出版社のどちらへ返すのか。

田中は、同じ本を二重のルートで仕入れることはまずないが、もしあったとしても大きな問題ではない、という。答えは簡単で、「それをどちらへ何部返すかは、書店が決める」。もともとNET21の加盟店の多くは、NET21が取引してきた取次の栗田出版販売(現・大阪屋栗田)と、各店がそれぞれに取引する別の取次と、二重のルートで仕入れている。NET21に限らず、大手書店をはじめとして二社以上の取次を使っている書店は多い。もちろん、取次A社から仕入れた以上の部数をA社へ返すのは反則行為だが、どの取次に何部返すかは、バランスを考えながら適宜に判断している。

──書店の経営改善というと、近年は雑貨を併売する、カフェを設置する、イベントを開催するなど、「本＋〇〇」の売場であることをアピールした店が定番になりつつあります。本よりも粗利率の高い商品をミックスすることで、本の利幅の薄さをカバーする。

「取次も推奨しているよね。ウチにも雑貨を売ってはどうかという話が来たけど、調べてみると雑貨を扱ってる店って、近所に一〇軒以上あるんですよ。そこへ素人がぽっと参入したって、うまくいくわけがない。かなりオリジナリティのあるもの、はっきりと需要のあるものならいいけども」

恭文堂書店は一九二八年に田中の祖父が立ち上げた老舗だが、創業当初からたばこも扱っており、たばこ店としては目黒区で三番目に売上げが多いという。昔ながらの小さなガラス扉をカラカラと開けば店の外からでも買えるし、「たばこは駅前の本屋で」が習慣になっている人が地域に多いのだろう。

「粗利は一〇・三パーセントで本より低いけど、売れ行きがよくて年間を通して常に回転しつづけるので、次の仕入れの資金に困るということがない。もちろん、本をのぞいていくきっかけになっているお客さんも多い。こういうものは、長年にわたって町に定着しているからいいんだけど。

やっぱり、大事なのは本業ですよ。本をもっと売るには、本でもっと利益を得るにはどうするか？　その障害を取り除いていくにはどうしたらいいか？　これを考えるほうが本筋だと思う」

——となると、ますます「まずは一割」といった進め方では間に合わないのでは？

「ただ、『はじめに直取引ありき』ではないんだ。売りたい本がきちんと入ってきて、それを売ってちゃんとした粗利がとれるなら、わざわざ直取引にする必要はない。たとえば取次を通しても粗利がよくなるのなら、それに越したことはないよね」

――取次としては、いまより書店の条件をよくしたら自社の利益を失う。出版社に卸値を落としてもらわないといけないけど、その交渉が困難でしょうね。

「倉庫会社をもっと活かしたらいいんじゃないか、と思う。出版関係の倉庫会社って、主要なところは十数社くらいでしょう？　もともと、ほとんどの出版社は在庫の保管や発送などの基本業務を全部、倉庫会社に委託してるんだから。書店が倉庫会社に直接発注できたらやりやすいし、解決することが多い。もちろん、これも簡単なことではないけど。

それぞれの意識が変わることが必要なんだよ。取次も、もういままでのようにすべてを請け負うわけにはいかないことを認めたほうがいい。たとえば出版社と書店の直取引であっても『配送だけやります』『返品があれば出版社に戻すのを手伝います』とか、モノの行き来のところを引き受けたりして、もっている能力を部分的に使うといいんじゃないかな」

――取次メインで運営してきた書店が、出版社との直取引を完全に自力でやるように変わるのは、やはり難しいと思いますか。倉庫会社や取次などの力を使うことがどうしても必要になる？

「最小規模の個人店なら、できるね。大型書店も、人員と予算をかければできるだろう。数十坪とか一〇〇坪、二〇〇坪などの中規模の店は、かなり難しいと思う。この規模だと、たとえば毎日入ってくる本の検品をするだけでもけっこうな作業量になる。いまは取次から入ってきた段階で検品は済んでいて、書店のほうはかなり楽になってきているから」

――NET21の協業システムのなかでも、すべてを自前でやるのは難しい？

「加盟店には中規模の店も多いし、精算などを本部が一手に仕切るとしたら、もっと人員が必要になる。やってできないことはないが、やはり業界全体で、ルートの多様化を進める意識をもってもらうほうが現実的だと思う。

これからは低正味の（卸すときの掛け率が低い、つまり書店にとって利益の多くなる）出版社の本を優先して売っていくことから始めてみようか、とは考えている。もちろん、低正味ならどんな本でもというわけではないが、ひとつふたつの売れ筋や出来のいい本を除けば、あとはどれも同じ、という分野はたくさんあるでしょう」

――どんな分野でしょうか。旅行ガイド、生活実用書……。

「内容が似たり寄ったりの本が多い分野、仕入れ値で判断してもよさそうな分野は、じつはけっこう多いんじゃないかな。本来、小売店はそういう商売なんですよ。利益を多くとれる商品を、なるべく多く売っていく。メーカーである出版社に、そこの部分でも競争意識をもってもらえるようにしていきたい」

出版社や取次の意識改革が必要――田中の主張には、常にこのニュアンスがある。

だが、ひとつの業界のなかで〝皆〟が揃って意識を変え、方法を大きく変えることなどあるのだろうか？　「俺は自分のやり方を変える」と動く人がいて、それに示唆を受ける人が一人、また一人と増え、やがてスタンダードになるものなのではないか。NET21が直取引を必要だと本気で思うのならば、もっと思いきった動きが必要なのではないか？

しかし、こうした正論が通じるほど、書店の本質は単純で易しいものではない。取次ルートを主流とする戦後出版流通のなかで小売業をしてきた書店は、あるいは多くの本屋は、基本的には「受け」の姿勢で商売をしてきた。

独特の品揃えで魅力ある棚をつくる書店であろうと、ちょっと特異な本の売り方をする書店であろうと、主役は書店自身ではない。あくまでも主役は、著者が書いた文章であり、出版社が完成させた本であり、そしてなによりも、金を払って本を買い、「面白かった」とか「つまらなかった」とか感想を言う、一人ひとりの客なのである。

本屋は、それらを引き立てる役を担い、売れれば分け前の一部をいただく。取次や出版社も含めた周囲の動きに、右へ左へと影響を受けながら生きている存在なのだ。Y社で書店回りをしていた時代から、日々の取材対象である現在に至るまで、僕が向き合った本屋は、おもにそういう人たちであった。

自ら主導して事態を動かすよりは、相手の繰り出す技に〝受け身〟をとる……本屋のこうした作法と向き合うことは、世に本を送りだしてゆく〝攻め〟の立場の出版社には大切であるように思う。NET21を興し、中小書店の経営改善に向けて策を練りだしつづけてきた田中は、むしろ書店業界内では特異な存在なのである。

「直取引の積極化」を宣言してから一年後――二〇一五年の忘年会で、田中は新たな企画を実施した。出席した出版社に、「Ｙｅｓ」「Ｎｏ」で答える方式のアンケートをとったのだ。その質問項目は、「出版社の意識を変えたい」という田中の狙いをはっきりと表したものだった。

関連する質問と、アンケートの集計結果を掲載する。質問によって回答していない人もいるため、合計人数にはバラつきがある。

Ｑ１　現在の流通システムに問題があると感じている。
Ｙｅｓ＝六六人／Ｎｏ＝二人

Ｑ２　現在の流通システムを変える必要があると感じている。
Ｙｅｓ＝五八人／Ｎｏ＝九人

Ｑ３　すでに、書店との直接取引を常時行っている。
Ｙｅｓ＝二二人／Ｎｏ＝四五人

Q4　NET21と取引する場合、70%以下で取引できる（直取引、送料元払い）。
Yes＝一九人／No＝四三人

回答したのは、この忘年会に出席したNET21担当の出版社営業である。これだけでいまの出版社の意識や傾向を語ることはできないが、Q3、Q4ともに「Yes」が三分の一近くを占めたことはやや意外だった。取次ルートの枠内にも変化の芽は吹いているのかもしれない。

そして実際のところ、ここにきて事態は急速に進行しているようだ。

NET21が取引してきた取次の栗田出版販売が二〇一五年六月に民事再生法の適用を申請し、二〇一六年四月に大阪屋と統合した新会社「大阪屋栗田」として再スタートしたことはすでに書いた。この新会社は、取次ルートにおいて日販、トーハンの市場シェア率が七割以上を占めるとされるなかで、上位二社とは異なる取次のかたちを試行していくという。NET21も栗田出版販売からスライドして「大阪屋栗田」を取次としたが、田中はこれを機に「大阪屋栗田」のサポートで出版社との直取引を進める実験を提案している。

「面倒だ」であきらめない人が

既存の書店からも注目すべき動きが出てきているなかで、取次ルートをメインとする出版社はいま、これをどう考えているのか？

東京・蔵前の筑摩書房を訪ねた。

筑摩書房は、既存の書店に認知されているだけでなく、新たに小さな書店を始める本屋たちの間でも人気の高い出版社のひとつである。

より具体的にいえば、広く、根強い人気があるのは「ちくま文庫」だ。開業から数年ほどの小さな店を訪れると、「いま、本屋をやりたい人」と「ちくま文庫」の親和性が高いことがわかる。古書も含めると、ほぼ百パーセントの確率で並べられているのだ。ここまでに挙げた書店も筑摩書房を重視しており、実際に直取引での仕入れもしている。

ところが、いまのところ書店にとって筑摩書房の仕入れ条件はよくない。直接卸す場合の掛け率は、トランスビューが創業から実行し、誠光社が「パブリックにしたい」と訴えている「七掛け」よりも高い。そもそも、取次に卸す条件も多くの出版社に比べて優遇されている。田中が「面白味がない」という高正味出版社のひとつだ。

ただし、取次ルートをメインとする出版社のなかでは流通面での試みに積極的でもある。二〇一五年十二月〜二〇一六年三月には、「創業75周年記念企画・読者謝恩価格本セール」と銘打ち、一四の全集を対象に、「五掛け・買切り」で書店に直取引で卸すという販売企画を実施した。およそ一〇〇書店から発注があったという。書店は通常より約三割安の卸値で仕入れ、それぞれの価格設定で値引き販売をした。筑摩書房は、過去にもこうした販売企画をたびたび実施している。

しかし、これらは残念ながら付け焼刃に過ぎない、意義の薄いものであると僕は思う。まず、対象が「一四の全集」に限定されてしまっている。「対象はこれだけです」と絞ってしまうと、「一四の全集」を売るか否か、だけを書店に突きつけることになってしまう。業界内では過去にも同種の試みが何度となくおこなわれているが、いずれも書店経営を変えるような新しい流通が生まれるステップにはならなかった。書店側に幅広い商品選択肢を提示し、日常的に直取引をしていかない限り、どちらもノウハウが蓄積されない。

「できるだけ幅広い商品選択肢」と「これまでより低い卸値」。筑摩書房が直取引に取り組むつもりがあるのなら、書店に対して最低でもこの二つをセットで提示すべきではないだろうか。もはや「実験」をしている場合ではないのでは?

営業部の部長・桃野《ももの》一郎は、「条件に関しては、買切りであれば七掛けは十分に可能だと思う」と言う。

「ただし、会社としてそういう方針をもっているわけではない。ウチはかつて、直取引の場合の卸値は各営業担当者に決裁権が与えられていて、明確な基準はなくバラバラだったんですよ。いまは新規に取引を開始する場合、特別な事情がない限り一定の条件にさせていただいています。ただ私個人としては、売ってくれそうな書店なら七掛けでよいのではないかと思いますね。買切りが前提になりますが」

――その場合、送料はどちらが負担することになりますか？

「一回に一万五〇〇〇円以上の注文であれば、ウチでもちます」

――その金額の根拠は？

「厳密とはいえません。文庫なら十数冊、単行本なら数冊。作業の手間や送品に必要な資材などのコストを考えると、そのくらいは発注してほしい。すくなくとも、一冊の送品でも送料をこちらがもつというのは無理ですね。それと、これも私の予想に過ぎませんが、仮に『七掛け・買切り』を打ち出しても、書店の反応はあまりよくないのではないでしょうか。買切りのリスクを負うことへの不安が、書店は非常に強いから」

――これまでの新刊書店は、そうかもしれませんね。ただ、古書も扱っている近年の小さな書店は、買切りにもアレルギーはないでしょう。

「いずれにせよ、やるとすれば課題は多いです。たとえば、買切りとなると書店が長く在庫をもつケースが増える。すると、カバーや帯が傷んでくる。これを交換してほしいという要望に応じる準備なども、必要になります。書店も同じでしょうけど、いまは出版社も人員が減っている。直を増やすことで生じる手間をどう処理していくかを考えなくてはいけない。社内の業務体制を変える必要がある」

――買切りは、やはり絶対条件になるでしょうか？　トランスビューはあらゆる注文を返品可の委託にしていながら、一〇パーセント程度の低返品率で推移しています。同社に限らず、直取引の出版社は返品にあまり悩まされていない。

「素晴らしいですよね。『お前はこれまでの流通の常識に縛られすぎている』といわれたら、たしかにそうかもしれない。でもね、やっぱり怖いですよ。仮に多くの出版社が直を増やすようになり、書店のほうも直仕入れが多くなったら、やはり返品も増えてくるのではないでしょうか。もちろん、やってみなければわかりませんが」

――いまも各地に、新しく本屋を始める人がいます。筑摩書房に限りませんが、本そのものは彼らから求められているのに、そうした次の時代を担う本屋とうまく結びつく方法をもっていないのは、大げさではなく将来に禍根を残すのではないか。

「それは、同感です。直でやっている書店や出版社の取引条件などを参考にして、可能性を検証してみますよ」


いまの筑摩書房に、直取引を増やすという明確な方針はない。取次との条件は他社よりも有利であり、すくなくともいま、書店からそっぽを向かれる事態には陥っていない。なんといっても、筑摩書房には「ちくま文庫」がある。現在、「ちくま文庫」の棚をもっている書店は、全国に約三〇〇〇店だという。

我ながら可笑しいのは、取次ルートをメインとする出版社の人たちと流通について話すと、ついムキになって、直取引をもっとやるべきだ、トランスビューのようなやり方があるではないか、と迫るような言い方をしてしまうことだ。流通・販売の方法は、出版社が自発的に判断することである。

なぜ、筑摩書房は直取引へ移行しないのか？　あらためてそこに立ち返ってみると、答えは簡単だ。取次を利用するほうが、便利だからである。

さきに書いたNET21の忘年会の会場で、ある大手出版社の営業担当と話す機会があり、やはり話題は直取引になった。いまの時代に小さな書店とつながる方法をもたなければ将来に禍根が、と桃野に向けたときと同じように迫ると、その人は、たしかに大事なことですね、と言った後、でもね、慣習で続けているわけじゃなくて、ウチにとって直取引をやるメリットが見当たらないんです、とつづけた。

「日販やトーハンとも、とくにここ数年は計画的な配本がわりとうまくいっているし、返品率も低水準で安定している。もちろん売上げは落ちていますが、直にすればもっと売れるというわけではない。取次に口座のない書店さんにカタい条件でしか卸さないのは申し訳ないけれども、そういう書店さんすべてに、条件を落として、言われるままに送っていたら、いまの状態は崩れると思う。すくなくとも卸すことを断ってはいない、ということで理解していただくしかない……ウチの本を求めてくださる全国の読者がなるべく入手しやすい状態はどれかと考えたら、いまのやり方を維持したほうがいいと思います」

ただ、たしかにそういう新しい書店さんは大事ですよね、個人的には、なにか対応を考えるべきかもしれないと思います、と繰り返した。

この出版社にとって、取次は流通・販売に欠かせないパートナーなのだ。

別の大手出版社の営業は、「蛇口」という言葉をつかって拡大販売のコツを語ったことがある。

「蛇口のひねり方が大事なんですよ。はじめはチョロチョロ流す。書店がもっと飲みたい、と思うまで我慢する。ここだ、というタイミングで開いていって、全開にしたら、絶対に目を離さない。いつでも閉める準備をしておく」

なんだ、と不愉快になる人もいるだろう。しかし、そういう種類の仕事もある。この人も、大量の〝水〟を的確に流すために、取次と綿密な打合せをしているに違いない。

大手出版社に限らない。取次との連携で事業が成り立っている出版社は多い。取次は出版市場の形成に大きな役割を果たしてきたし、いまもそれを担っている。僕はあちこちで、直取引だ、「トランスビュー方式」だ、と言い募っているが、それを必要としない出版社はある。

では、伝えるべき相手は誰なのか？

まず考えられるのは、第一章に書いた二〇年前の「僕」である。あのころ、書店回りをし、注文をとっては返品の山を食らっていた「僕」には、「トランスビュー方式」をぜひ知らせてやりたい。

しかし、それを知った二〇年前の「僕」は、どうするだろうか？　直取引へ移行するか？　これは、じつをいうとわからない。なるほど、と思いながらも目の前の仕事を続ける可能性はある。

あるいは、もし「僕」が現在もY社に在籍し、営業部長にでもなっていたら、どう判断しただろうか？

これも、わからない。相変わらず苦しい送品と返品を繰り返しながら、それでも取次の仕入れ窓口や部長クラスには気心の知れた人も多くなっていて、ときにはお願いをして多めの部数を引き取ってもらったりしているかもしれない。こうしてしのぐのが結局はいちばん長続きする秘訣なのだと悟って、うまく粘っていたかもしれない。

もちろん、どこかで大きな決断をし、毎月の二十五日ごろにはトランスビューの事務所で「封入大会」に参加している可能性もある。

Y社は四年前に倒産した。原因は、社長の急死である。「僕」が退職してから数年後、Y社は事業スタイルを変えた。著者からカネをもらうことで収入が安定する自費出版を中心にし、書店回りをして売場に積んでもらうような営業は控えるようになった。取次各社に取引関係を切られることはなく、創業から約三〇年つづいたことになる。出版社の寿命としては、けっして短くはない。Y社の社長にとっても、結局のところ取次はいちばん便利だっただろう。

取次は、便利……二〇一三年から「取引代行」をはじめたトランスビューも、最近は取次のような存在と見られつつある。誠光社のページに「出版流通」の一社として載っていることは、その象徴だ。直取引に応じた出版社を書店が公開するというあの画期的なページにおいて、トランスビューは「出版社」ではなく、流通の会社として扱われている。

誠光社だけではない。最近は、ほかの書店や出版社の人たちからも、「トランスビューは取次になった」という声を聞くことが多くなった。

「トランスビュー方式」によって取次ルートの抱える問題に解答を出してきたトランスビューはいま、岐路に立っている。取次に寄りかからず、小さくとも真に独立した出版社であろうとする人たちに「トランスビュー方式」を使ってもらおうと発案された「取引代行」は、いまのところ周囲にきちんと理解されていない。具体的な方法と根底にある理念が伝わる前に、トランスビューに本を預ければ全国の書店への流通が可能だ、ということだけが先行しつつある。

「取引代行」は、この課題を抱えたまま拡大していくのかもしれない。トランスビューという取次は便利だ、と言われたり、意外と儲からないじゃないか、などと言われたりしながら。

それでも二〇年前から今日まで、いつの時代のY社の「僕」であっても、僕は知らせようとするだろう。ただしこれまでとはちょっと言い方を変えて、「場合によっては、『トランスビュー方式』のようなやり方もあるよ」と。

採り入れるかどうかは、「僕」が判断することだ。だが、知っておいて損はない。このラディカルな流通方法は、いつでも、なにかの役に立つ可能性がある。

「常識」は、すこしずつスライドしている。出版社や書店を営む人たちの直取引に対する認識は、この一〇年で大きく変わった。トランスビューが創業した二〇〇〇年代はじめごろは、まだアウトローな方法であるかのようにみられていたが、いまや、そういう視点で直取引を捉えている人に出会うことはまずない。

「取次ルートで送る」

「書店に直で仕入れてもらう」

この二つが出版社の流通方法として対立するものであるかのような認識は、早晩なくなっていくだろう。新しく立ち上がる出版社は、多くの直取引出版社がそうであるように、自社の事業規模や方針、出版市場の情勢によって、どちらかを選択したり、二つをうまく使い分けられるようになるとよいと思う。もちろん、ラクになる、簡単になるということではない。誠光社の項で述べたように、それを「大変だ」「面倒だ」という理由であきらめない人が、自分の流通・販売方法を見つけていくに違いない。問題の発生と解決の間を繰り返し往復しながら、それでもやはり、出版をやるという人がこの世界から途絶えることはないだろう。

読者の皆さんの健闘を祈る。

おわりに

取材と執筆を始めてからしばらくは、この本が苦楽堂から刊行されることが気がかりだった。同社は二〇一四年の創業以来、トランスビューの「取引代行」を利用している。いわば身内から出すようなものではないか、読者に「トランスビュー方式」の宣伝と受けとられるのではないか、と恐れたのだ。

本文を書き終えたいまは、どうでもいいことだと思っている。この本が取次ルートをメインとする出版社から刊行されていたとしても興味深いし、「トランスビュー方式」を使っている出版社から出ることになったのも筋の通る話である。どちらにせよ、なにをどう書くかは変わらなかっただろう。

それよりも、「苦楽堂」以外から出ることはあり得なかった、ということのほうが重要である。社主の石井伸介さんは創業前から「トランスビュー方式」について書かないかと言ってくれていたし、僕も編集者としての姿勢に敬意を抱いてきた石井さんからの誘いでなければ、この本を書くことはなかった。出版業界専門紙を辞めたとき、出版流通を主要テーマにすることからは卒業しよう、と思っていたからである。石井さんはこの問題と向き合う現場に僕を連れ戻し、原稿を仕上げる最終段階まで「これはどういう意味か？」「あなたはなぜこの一文を書いたのか？」と執拗に問いつづけ、こちらの内側に眠るものを引きずり出そうとした。僕は、編集者・石井伸介からネバー・ギブアップの精神を教わった。

もう書かない、と思っていたテーマに再び取り組んでみると、自分は「卒業」どころか下級生のうちに中退したのだ、と痛感した。「トランスビュー方式」についてわかっていないことが多かったうえに、出版流通の基本的なことさえ知らなかったと気づかされる場面に何度もぶつかった。

トランスビューの工藤秀之さんへの取材も難しい面があった。というのも、僕は「注文出荷制出版社による共同ダイレクトメール」がスタートした二〇一三年一月から、各出版社のチラシと一緒に封入される付録の読み物である「本屋な日々」というタイトルの連載をしており、担当編集者は工藤秀之その人なのである。書き手にとって、取材対象とは「対峙する人」であり、編集者とは「横で伴走してくれる人」だ。連載の原稿についてやり取りをした翌日に取材で会いに行く、といったことが頻繁にあり、そのたびに意識を切り替えなくてはならない。これは僕にとって、かなり奇妙な体験だった。ちなみに、彼の座右の銘は「神は細部に宿る」と「武士は食わねど高楊枝」の二つだそうだ。出版に対する姿勢がよく表れていると思う。

最近よく思いだすのは、《猶《なお》、後哲《こうてつ》を俟《ま》つ》という言葉である。鳥取の定有堂書店から一九九八年に刊行された『伝えたいこと』（濱崎洋三著）という本のなかで出合った一文だ。僕の「トランスビュー方式」に対する視点は、どうしても従来の出版業界の方法や慣習がベースになっている。そこで育ったのだからやむを得ないのだが、これから出版の世界をつくってゆくのは、そこに縛られていない、新しい感覚をもつ人たちだ。僕とは異なる視点から「トランスビュー方式」を捉え直し、さらに進化させる人が出てくることがいちばんの楽しみである。

繰り返しの取材に根気よく付き合ってくれた工藤秀之さん、トランスビューの創業者である中嶋廣さん、名前を出して登場してくれた人たち、「Y社の社長」をはじめ匿名で書かせてもらった方がたに感謝します。

新文化通信社での記者経験がなければ、この本を書けなかった。同社の丸島基和社長、当時関わりのあった方がたにも御礼を申し上げます。名前を挙げませんが、内容の不備を補正するために重要なアドバイスをいただいた方がたもいます。ありがとうございました。

二〇一六年五月　石橋毅史

出版関連用語

索引

人名

組織名

石橋毅史(いしばし・たけふみ)
フリーランスライター。1970年、東京生まれ。
日本大学芸術学部卒業後、出版社勤務を経て98年に新文化通信社入社。出版業界紙「新文化」記者を務める。2005年、同紙編集長就任。09年12月退社。著書に『「本屋」は死なない』(新潮社/2011年刊)、『口笛を吹きながら本を売る——柴田信、最終授業』(晶文社/2015年刊)、『本屋な日々 青春篇』(トランスビュー/2018年刊)、『本屋がアジアをつなぐ——自由を支える者たち』(ころから/2019年刊)。

装画　吉野有里子(よしの・ゆりこ)
切り絵作家、イラストレーター。北海道生まれ、東京のど真ん中よりはちょっと西のはずれ在住。バンド「eastern youth」、そのリーダー吉野寿のソロ活動「bedside yoshino」のアートワークを手掛ける。2011年、作品集『吉野有里子画集』(ディスクユニオン)を刊行。

まっ直《す》ぐに本を売る
ラディカルな出版「直取引」の方法
石橋毅史 著

2016年6月12日　初版第1刷発行
2024年4月1日　第3刷発行

装幀	原拓郎
校正	聚珍社
発行者	石井伸介
発行所	株式会社苦楽堂 http://www.kurakudo.jp 〒650-0024　神戸市中央区海岸通2-3-11昭和ビル101 Tel & Fax:078-392-2535
印刷・製本	中央精版印刷株式会社

ISBN 978-4-908087-04-2 C0095

本文仕様	章扉	筑紫明朝pro B(フォントワークス)
	見出し	中ゴシックBBB pro M(モリサワ)
	本文	筑紫明朝pro L + Adobe Garamond pro

装幀仕様	カバー	ヴァンヌーボVM/ホワイト/四六判Y目150kg
	オビ	ヴァンヌーボVM/ホワイト/四六判Y目130kg
	本表紙	オーロラコート/四六判Y目110kg
	見返し	オーロラコート/四六判Y目135kg
	別丁扉	オーロラコート/四六判Y目110kg
	本文	OKアドニスラフ80/四六判Y目59.5kg